勉強ギライな子どもに「勉強の面白さ」を伝える方法

わが子の「21世紀型学力」を伸ばす!

志村史夫

ワニブックス
|PLUS|新書

はじめに——21世紀型学力の本質

知識偏重から21世紀型学力へ

私がこの本を書くきっかけになったのは、ある県の「PTA研究大会」で「子どもたちに伝えて欲しい勉強の面白さ」と題する講演を行なったことでした。私の長年の「本職」は物理学なのですが、私は小さい頃からいままで70年近く、理系、文系を問わずさまざまな分野の「勉強」を楽しんできたものですから、その「極意」を小学校、中学校の先生や父母のみなさんにお話ししたのです。もちろん、私が長年楽しんできたくらいですから、その「極意」というのは「試験でよい点をとる」とか「有名学校の入試に合格する」など受験に直接役立つようなものではありません。

ところで「勉強」は、漢字的には「強《し》いて勉《つと》める」とも読めます。私は「団塊の世代」真っただ中の人間ですから、もちろん、人並みに高校、大学の受験勉強を経験しています。受験勉強はまさに「強いて勉めた」勉強でしたが、学校を出てから現在までの「勉強」は、幸いにも、私にとっては決して「強いて勉めた」ようなものではなく、たとえ、それが仕事に必要なものであっても、「道楽」のようなものであったように思えるのです。ですから、本書では慣例に従って「勉強」という言葉を使いますが、それは「強いて勉める」勉強ではなく、「道を楽しむ」勉強と考えていただきたいのです。いずれにしましても、「強いて勉める」ようなものは長続きしないのです。何事も、面白く、楽しくなければ長続きしません。要は、いかに面白く、楽しくなれるかです。これが私・・・・のホンネです。

現在の学校教育では、相変わらず「偏差値」が重視され、タテマエはともかくホンネでは試験、受験至上主義がまかり通っていますので、私のホンネの話が、小学校、中学校の先生や父母のみなさんに受け入れられるかどうか心配ではありましたが、講演直後、主催者の幹事の先生から送られてきた「アンケート結果」を読んで、私はとても嬉しくなりました。

その一部をご紹介します。そこには次のような感想（順不同、原文のまま）が書かれていました。

・私は文系の人間ですが、文系、理系を問わず、とても面白く、まさに知的好奇心をくすぐられるご講演でした。子供にもぜひ楽しんで勉強してほしいと思いました。
・具体的な例があってとてもわかりやすく、含蓄がある話を楽しく学ばせていただきました。感動しました。文科省に聞かせたい内容でした。これからの若い教育者にも聞いてもらいたいです。
・「本物に触れること」、「考えること」の重要性、家庭教育の重要さがよく分かりました。
・とてもお話が面白く、あっという間でした。学校に戻って子どもたちに話をしたくなりました。
・子どもたちにチャレンジさせる、興味をもたせること、好奇心を育てることの大切さに気づかされました。それ以前に、自分自身が興味をもつこと、自分が楽しむことが、いかに重要かが分かりました。また、感動することの大切さも理解できました。

・時間のたつのも忘れるほど、素晴らしい講演でした。ＰＴＡというしばりのなかでなく、もっと多くの方に聞いてほしいと思いました。もっとワクワクしてたくさんの初めてを経験したいと思います。

・先生ご自身が様々なことに興味をもたれているので、お話に広がりがあり、一つのことは一つだけでなく、いろいろなものとリンクしているのだなと思いました。子供だけでなく人生一生、ずっと勉強であるので、いつまでも好奇心を持っていきたいです。

・子どもたちに伝える前に、自分が知らないことが多すぎることに気づかされました。入試のための勉強（暗記）をさせられていて、可哀相…感性のままに物事を深く知る大切さを学ばせたいと思います。

・疑問から始まる興味を大切にして、自分から学ぶという積極性をうまく引き出してあげられたら、子供の成長につながると思ったのと、自分にもまだまだ、学びたいことを学べるチャンスがたくさんあるのだろうと思いました。学ぶ楽しさとはこういうことだと納得がいきました。

・これから大切にしていきたいことがすっきりしました。自分自身、学校にＩＴがどんどん入ってくることに、疑問を感じていました。本物に触れることは、とっても大切だと思います。

私の講演を聴いたみなさんに、このような感想を持っていただけたことに、すっかり気をよくした私は、講演の内容を膨らませて、一冊の本にまとめあげようと思った次第です。

おりしも、「知識偏重型の学力では、グローバル時代は生き抜けない」ということで、文部科学省（文科省）を中心に、２０２０年に向け、日本の教育、入学試験の内容を変えようと動き始めています。つまり「知識偏重から21世紀型学力へ」ということで、日本の「学力」の定義が変わろうとしているのです。

具体的には

(1) 学びの基礎・基本である知識、技能

(2) 自分の頭で考えられる思考力、判断力、表現力

(3)　意欲がありチームで学べる主体性、多様性、協働性が求められることになり、これに伴い、小学校、中学校、高校の授業も変わりますし、大学入試も変わります。

私自身の人生経験、特に、長らく日本とアメリカでハイテク（半導体エレクトロニクス）分野の研究生活を送った経験から、人生で本当に必要な学力が何であるかを考えた時、上記のような「教育変革」はまことに的を射たものだと思います。私にいわせれば、いささか遅すぎた変革ではありますが、文科省をはじめ、日本の教育関係者、社会全体が、これらの実現に動き始めることはすばらしいことです。

私が前述の講演で述べた「勉強」、そして本書で述べようとする「勉強」とは、結果的に「21世紀型学力」につながるものであり、そのような「勉強」自体、とても面白いものなのです。

〝知識〟と〝智慧《ちえ》〟

生活上、もちろん、ある程度の「知識」は必要不可欠で、いまや、インターネットやスマホに代表されるＩＴによって、その「知識」は簡単に得られます。〝ＩＴ〟というのは〝information technology〟つまり「情報（通信）技術」のことです。確かにＩＴをはじめとするさまざまな文明の利器の発達により、〝昔〟とは比較にならないほどの容易さで、大量の情報を得ることが可能になり、その結果、現代人は〝昔〟の人間とは比較にならないほど大量の知識、情報を持っています。

現代社会は、そのような「知識」を持ち、「マニュアル」さえ読めれば「何とかなる」ようになっているようです。事実、日本の学校教育では「入学試験」に如実に顕われているように、表向きはともかく、相変わらず「知識の習得」、「事項の暗記」が主体になっています。これらの結果、世の中には、応用のきかない「マニュアル人間」や「情報」に振り回される人、いわば「暗記バカ」が増えているのも事実です。

しかし、ちょっとでも人生を経験した人ならば誰でも思い当たることでしょうが、人生、実生活は「知識」「暗記事項」通りには運ばないのです。「知識」はあくまでも「ある範囲の事柄について知っていること」であり、私たちは、人生、実生活でしばしば

「ある範囲」を超えること、「答」が容易に見つからない、あるいは必ずしも「答」がないことに出合わなければならないのです。このような場合、「暗記バカ」の「マニュアル人間」はお手上げです。

私たちに必要なのはインターネットで安易に得られるような「知識」ではなく、「智慧」つまり「物事の理《ことわり》を悟り、適切に処理する能力」なのです。

ITの発達によって、人間は知識を飛躍的に増したのですが、それに比例して智慧を低下させたように思われるのです。智慧は自分の頭で考えることによって身に付く能力だからです。繰り返しますが、〝知識〟は「ある事項について知っていること」で、〝智慧〟は「物事の道理を悟り、適切に処理する能力」です。

情報収集手段が直接観察・見聞や書籍などに限られていた〝昔〟は知識の多寡がその人物の価値を決める大きな要素でした。〝もの知り〟は大きな価値を持っていましたし、尊敬もされました。しかし、現在のようにITが発達した社会では、知識の多寡についてはどのように頑張っても、掌《てのひら》の上にのるスマホやパソコンに絶対にかなわないのです。つまり、人間の価値として、知識の多寡は大きな意味を持たないのです。人間の価値は智慧の多寡にかかっているのです。

フランスの思想家・モンテーニュが「知識がある人はすべてについて知識があるとは限らないが、有能な人はすべてについて有能である」といっていますが、その通りです。また、ニュートンと並び称される物理学者・アインシュタインは「想像力は知識よりも重要である。知識には限界があるが、想像力は世界を包み込むことさえできるからである」といっています。

私は、みなさんに、世界を包み込むことさえできる想像力、物事の道理を悟り、適切に処理できる智慧を身に付けていただきたいと思うのです。このような想像力や智慧は、教科書を暗記しても決して身に付かないのです。

もちろん、私は「知識は不要である」などといっているのではありません。

私たちが〝勉強〟によって学ぶべきことは、〝考える〟基礎となる〝普遍的な土台〟です。教科書に書いてあることを、そのまま機械的に暗記しても（テストの好成績にはつながるかもしれませんが）、それだけでは何の役にも立たないのです。

誰にとっても「暗記」は楽しいことではありませんが（少なくとも私は大嫌いです）、

「自分の頭で考えること」は楽しいし、「智慧」は人生を豊かに、楽しくしてくれるのです。また、「暗記」は「勉強」の面白さ、楽しさを味わえるチャンスを奪ってもしまうのです。

ところで、私が最も好きな物理学者といえば断然アインシュタインなのですが、彼は疑いもなく人類史上稀に見る天才中の大天才です。

そのアインシュタインは小さい頃から、いわゆる「神童」だったのでしょうか。アインシュタインは学校の成績がよい子どもだったのでしょうか。

じつは、そんなことはまったくなかったのです。

彼も暗記が苦手で、「暗記もの」は赤点ばかり取っていました。特に、暗記以外の何ものでもない語学はまったくだめで、高校時代のギリシャ語の教師からは「君は絶対に大した人物にならない」という〝太鼓判〟を捺《お》されていたほどです。しかし、アインシュタインは自分の頭で考える数学と物理が得意でした。また、読みたい本を読み、好きなものだけをじっくり学び、静かにものを考えることが好きでした。後に、彼は「私は特別な才能を持っているわけではありません。単に好奇心が旺盛なだけなのです。」（拙著『アインシュタイン 希望の言葉』ワニ・プラス）と語っています。好奇心はいずれ智慧に結び付きます。

智慧の有無は人生の「成否」を分けることも確かです。念のために書いておきますが、ここで私がいう人生の「成否」の要素は、有名学校の入試に合格するとか、有名会社に入社するとか、「出世」できるかどうか、「金持ち」になれるかどうか、というようなことではなく（そのようなことも人生の「成否」の一要素であることは確かでしょうが）、人生の充実、物心両面の、究極的には心の豊かさのことです。

いままで何度も〝考える〟という言葉を使ってきたのですが、じつは、〝考える〟ということは、それほど簡単なことではないのです。私は、〝考える〟原動力は〝疑問を持ち続けること〟だと思っているのですが、じつは〝疑問を持ち続けること〟が簡単なことではないのです。「知識を得ること」と比べ「智慧を身に付けること」が難しいことに直結します。

これから日本が目指す「知識偏重から21世紀型学力へ」というのはまさに「知識から智慧へ」ということなのです。

もう一度繰り返します。

大切なことは、機械的に知識を詰め込むことではなく、ものごとの「なぜ?」を考える能力、智慧を身に付けることです。

蛇足ながら一言申し添えます。

いま私は受験勉強の弊害と「面白くなさ」を述べたのですが、もちろん、受験勉強が無意味だというつもりはありません。

人生、楽しいことを我慢して、やらなければならないことを必死にやり抜かなければならない時期があります。人生、好きなことばかりをして送れるほど甘くはないのです。青春時代の一時期、必死になって「強いて勉める」努力をする受験勉強は、人生にとって不可欠な「精神力」を身に付ける一助となるのです。

また、人生の中でさまざまな「競走」は避けて通れませんが、「競走」の一種である受験には必ず勝者と敗者がいます。敗者になった場合に味わわなければならない挫折感は相当なものだと思うのですが、若いうちに「挫折感」を味わっておくことも、長い目で見れば、決して悪いことではないのです。人生、あとになってみれば、受験の挫折などは大したことではないことに気づくのですが。

受験、受験勉強が避けて通れないものであるならば、このような受験勉強の「効能」を知っておくことも必要でしょう。

文系？・理系？

世の中の人は一般に「文（科）系の人」と「理（科）系の人」に分類されるようです。これは、私には、多くの場合、学校でそのように思わされた結果ではないかと思うのですがいかがでしょうか。

私は、経歴や「本職」とみなされている仕事柄、世間的には「理系の人」に入れられるのでしょうが、私自身は自分のことを「理系の人」と意識したことがないのです。確かに、私の主な仕事は「理系」といってもよいかもしれません。しかし、このようなことをいうのはいささかおこがましいかもしれませんが、私は自分のことを「理系」でもあり「文系」でもあり、さらには「芸術系」でもあると思っているのです。じつは、このようなことは、私に限らず、誰にとっても同じことなのです。「私」という個人の中には「理系」の部分も「文系」の部分も「芸術系」の部分も混在しているのです。さもなければ、この複雑な社会の中で生きていけるはずがありませんし、人間的生活ができるはずがありません。要は、それぞれの〝程度の差〟なのです。

ところで、いま私は、世間で一般的に使われている「文科系」「理科系」という言葉を使ったのですが、そもそも、この場合の「文科」、「理科」とは何なのでしょうか。

国語辞典では、それぞれがきちんと定義されているのですが、世間でいうところの「文系の人」「理系の人」は単純で、あえてステレオタイプ（型にはまったいいかた）で述べれば、前者は「数学や物理などの理科系科目（特に数学）が嫌いな人、苦手な人」、後者はそれらが「好きな（嫌いでない）人、得意な（不得意でない）人」となるのではないでしょうか。そして、「文系の人」にしろ、「理系の人」にしろ、その大半は、自ら進んで、そのような〝分類〟に飛び込んで行ったわけではなく、現実的には、大学受験に関係する学科の試験の出来・不出来（つまり「成績」）によって、そのように分類されたという人なのではないかと思うのです。また、これから「進路指導」を受ける高校生（最近は中学生でも？）の場合は、そのように分類されようとしているのではないかと思います。

ところが、いままで、「理系」や「文系」のさまざまな分野の〝仕事〟に従事し、それらの〝まとめ〟としての本（僭越ながら、章末に主要著作リストを掲げます）を少なからず書いてきた私にいわせれば、一人の人間が「理系」に属するか、「文系」に属するかなどというのは、本来、学校の学科の試験の良し悪しなんかで決められるものではないし、そんなもので決められては困るのです。自分で自分を簡単に「文系」あるいは「理系」に決めても、また誰かに決められてもいけません。

学校の試験などを通じて評価し得る人間の能力や資質は、ほんの少しの限られたものにすぎないのです。それなのに、日本の社会では現実的に、学校の試験の成績次第で、「文系」か「理系」かのレッテルが貼られてしまうばかりでなく、一人の人間の「適性」さらには「優劣」まで決められてしまう傾向があることを否めないのはまことに遺憾です。だからこそ、前述のように、学校教育の「現場」では、タテマエはともかくホンネでは「偏差値」が重視され、試験、受験至上主義、具体的には「知識偏重」がまかり通っているのです。
すでに述べましたように、もちろん、私は「知識は不要だ」などといっているのではありません。インターネットをはじめとする多種多様なＩＴが発達し、日常生活の中に浸透している現在、人間一人が持てる「知識」の量などたかが知れているものであり、「知識」に関しては、掌にのるスマホに逆立ちしてもかなわないのです。

ともあれ、「文系の人」は前述のようにステレオタイプ的には「数学や物理などの理科系科目（特に数学）が嫌いな人、苦手な人」なのですが、私がはっきりと申し上げておきたいのは、「嫌い」あるいは「苦手」なのは、あくまでも学校で教わった（教わっている）数学や物理、そしてそれらの試験のことであって、本当の数学や物理とは別もの（まったく別とはいいませんが）ということなのです。学校の先生に怒られることを覚悟でいえば、そのような「文系の人」たちの多くは、学校の授業や教科書の〝お蔭〟で、数学や物理が〝嫌い〟あるいは〝苦手〟になってしまったのです。

じつは、「文系の人」に限らず、最近は、理工系大学や理工系学部に入学する「理系の人」でも数学や物理が嫌いあるいは苦手という人が少なくないのです。

しかし、数式や数学や物理が日常生活にきわめて密接に関係し、身近なものであることがわかれば（第4章、第6章で詳しく述べます）、彼らは数学や物理に興味を持ち、そして彼らを〝暗記〟から解放してあげれば、数学や物理が好きになって（少なくとも嫌いでなくなって）くれることは、私自身、大学での講義で実感していることなのです。

とにかく、「文系の人」に（もちろん「理系の人」にも）申し上げたい最も大切なことは、自然を素直な気持ちで観察し、自然界のさまざまな事象の因果関係、自然の道理を自分なりに考えることです。そして、最も避けなければならないのは、事項や公式を理屈抜きに暗記し、「問題」の「答」を機械的に、そして効率よく見つけようとする態度（じつは、このような態度こそ学校の試験でよい点を取るために最も求められるものなのですが）です。

いま私は、学校の授業や教科書の〝お蔭〟で、数学や物理が〝嫌い〟あるいは〝苦手〟になってしまったために「文系の人」になった人が少なくないのではないか、ということを書いたのですが、もちろん、逆の場合もあるわけです。

つまり、例えば、学校で習う歴史や古文などの「文系」の科目が面白くないために、

「文系」が〝嫌い〟あるいは〝苦手〟になってしまい「理系の人」になった人もいるのです。確かに、私自身、学校で習った「イイクニ（１１９２）つくろう鎌倉幕府」のように「年表」の年を暗記する「歴史」や断片的な文を読み「ラ変五段活用」などを暗記させられた「古文」の勉強などには興味が持てませんでした。幸い、私は、このような「学校の勉強」によって「文系」の科目が嫌いになることはなかったのですが、嫌いになった人、そして、そのことがきっかけになって「理系」に進んだ人も少なくはないのではないでしょうか。第2章、第5章で述べるつもりですが、後年、私は「歴史」や「日本の古典文学」の面白さに大いに感動することになるのですが、学校の「文系」の科目が〝嫌い〟あるいは〝苦手〟なために、消極的な理由で「理系」に進んでしまうことも、まことにもったいないことなのです。

もう一度、私がここで強調しておきたいのは、「学校の試験の結果」や「学校の勉強の面白くなさ」などの消極的な理由で単純、安易に自分のことを「文系」、「理系」に決めてしまったらもったいないということです。お子さんをお持ちの父母の方には、大切な子どもの一生をより豊かに、より楽しく送るために、本当に本人が好きなこと（それは、「学校の試験の成績」とは関係ないことが多いのです）を見つけさせていただきたいのです。

さて、僭越とは思いますが、私の「本職」に関わる専門書、参考書を除いた、さまざまな分野の、一般読者を対象にした主な著作を以下に分類別に列挙させていただきます。これらは、私がいままでに楽しんできた「勉強」の有形の結果ではありますが、私はこれら有形の結果のほかに、無形の楽しみを大いに味わっているのです。これらの著作を見て、一人の人間が、一回の人生で、「その気」にさえなれば、これだけの楽しみを味わえるのだ、という参考にしていただければ幸いです。

1. 科学・数学

(1)ここが知りたい半導体（講談社ブルーバックス、1994）
(2)ハイテク・ダイヤモンド（講談社ブルーバックス、1995）
(3)いやでも物理が面白くなる（講談社ブルーバックス、2001）
(4)「水」をかじる（ちくま新書、2004）

(5)こわくない物理学―物質・宇宙・生命―（新潮文庫、2005）
(6)だれでも数学が好きになる！（ランダムハウス講談社、2007）

2．歴史

(1)古代日本の超技術〈改訂新版〉（講談社ブルーバックス、2012）
(2)古代世界の超技術（講談社ブルーバックス、2013）
(3)古代文明の超技術（洋泉社、2015）
(4)「ハイテク」な歴史建築（KKベストセラーズ、2016）

3．生物

(1)生物の超技術（講談社ブルーバックス、1999）
(2)生物たちの超技術（洋泉社、2015）

4．英語

(1)理科系の英語（丸善ライブラリー、1995）
(2)理科系のための英語力強化法（ジャパンタイムズ、2002）
(3)理科系のための英語プレゼンテーションの技術〈改訂新版〉（ジャパンタイムズ、2010）

5．文化・文明論

(1)体験的・日米摩擦の文化論（丸善ライブラリー、1992）
(2)文明と人間―科学・技術は人間を幸福にするか―（丸善ブックス、1997）
(3)文科系のための科学・技術入門（ちくま新書、2003）
(4)人間と科学・技術（牧野出版、2009）

6．一般教養書

(1)ハイテク国家・日本の「知的」選択（講談社、1993）
(2)いま新渡戸稲造『武士道』を読む（三笠書房知的生きかた文庫、2003）
(3)寅さんに学ぶ日本人の「生き方」（扶桑社、2008）
(4)漱石と寅彦―落椿の師弟―（牧野出版、2008）
(5)文系？理系？：人生を豊かにするヒント（ちくまプリマー新書、2009）
(6)ＩＴは人を幸せにしない　21世紀の幸福論（ワニブックス【ＰＬＵＳ】新書、2010）
(7)物理学者が教える筋道たてて考える技術（大和出版、2012）
(8)スマホ中毒症―「21世紀のアヘン」から身を守る21の方法―（講談社＋α新書、2013）

(9)木を食べる（牧野出版、２０１５）
(10)アインシュタイン 人生を変える言葉１０１（宝島社、２０１６）

本書を通じ、一人でも多くの親御さん、そしてお子さん方に、「勉強の面白さ」を知っていただき、結果的に「21世紀型学力」を身に付けていただけたならば、著者として、これに勝る喜びはありません。

目次

第2章　国語編——日本語はすべての思考の基盤です……85

おわりに――大切なのは感性です

第1章

人はなぜ勉強するのか——わが子にきかれたらどう答える?

人生それぞれの時期にやっておくべきこと

私はいつの間にかに、もうすぐ古希（70歳）を迎える年齢になってしまったのですが、いままでの私自身の人生を振り返り、また私がいままでに接してきたさまざまな分野の恩師、先輩、同僚、後輩らすべてを含む人たちから得たこと、古今東西さまざまな分野の書籍から学んだことから、幼稚園から大学までの「学校時代」を「枠」として概括的に考えてみますと、それぞれの時代は

感性が豊かな幼稚園、小学校時代
肉体的変化が大きい中学校時代
精神的変化が大きい高校時代
自分の将来を考える大学時代

といえるのではないかと思います。

そして、自分自身と直接的あるいは間接的な周囲のさまざまな人々（実際の人物や小説や歴史の中の人物）を観察しますと、「人生には、その時しかできないことがある」「その時にしかできないことを体験しなかったハンディキャップは社会に出てから重く効いてくる」ということを痛感します。

例えば、「社会に出て仕事をする」という視点に限定しますと、幼時から小学校時代に豊かな感性を伸ばし、中学・高校時代には肉体的・精神的強さを高め、大学時代には論理的思考（筋道立てて考えること）を磨くことが大切でしょう。そして、大学時代に、自分が将来本当に何をやりたいのかを真剣に考え、本当にやりたいことを見つけることが大切です。もちろん、「自分が本当にやりたいこと」は、社会に出てから、何回か変わることも普通ですが、少なくとも、大学時代に、それを真剣に考えることは重要です。

私は、数々の名作映画をつくった黒澤明監督の大ファンですが、この黒澤監督の最後の作品「まあだだよ」の中に「先生」が子どもたちに向かっていう「自分が本当に好きなものを見つけてください。見つかったら、その大切なもののために努力しなさい。君たちは、努力したい何かを持っているはずです。きっと、それは君たちの心のこもった立派な仕事になるでしょう。」というすばらしい台詞《せりふ》がありました。

人生のどこかで、できれば、なるべく早い時期に、「自分が本当に好きなもの」を見つけられた人は幸せです。要は、その「自分が本当に好きなもの」をいかに見つけるか、ということなのです。そのための、両親、学校の先生、特に小学校の先生の責任は重大です。

私自身のことを振り返ってみたいと思います。

私が生まれ、幼児期を過ごしたのは東京の下町ですので「自然環境に恵まれた」というわけではありませんが、その頃（昭和20年代）は、東京にも原っぱがたくさんありましたし、すぐそばには染井墓地が、ちょっと歩けば六義園《りくぎえん》という江戸時代の名園もありましたので、学校から帰るとすぐにカバンを放り出し、下級生と上級生が一緒になって、それらの場所で、結構〝野性的な遊び〟や〝自然観察〟をしていました。このような下級生と上級生、弱い者と強い者が一緒になった〝野性的な遊び〟や〝自然観察〟のお蔭で、私は幸いにも「感性が豊かな幼稚園、小学校時代」を送ることができたと思っています。その頃は、東京の下町でも「昆虫採集」ができましたし、夜空にはたくさんの星があったのです。

私の中学・高校時代は厳しい運動部、バレーボール部の活動に明け暮れた日々でした。幼時、小児結核のために「虚弱児」「蒲柳《ほりゅう》の質」といわれた私の肉体が完全に改造されたのも、この6年間の運動部の活動のお蔭です。私は、幸いにも、中学・高校時代に肉体的・精神的強さを高めることができたのです。

高校時代の3年間、運動部の活動に明け暮れた〝お蔭〟で、大学に入ったのは1年の〝浪人〟後でしたが、私には〝浪人〟に至った理由がはっきりわかっていましたし、そのことに対する後悔は皆無でした。また、同期の運動部仲間のほとんどは一緒に〝浪人〟しましたから、幸いにも挫折感はまったくありませんでした。

大学時代は自宅から離れた寮生活だったのですが、私にとっては生まれて初めての〝親から離れた生活〟のお蔭で、「学校の勉強」以外の〝さまざまな人生勉強〟をすることができました。いま、大学時代を思い起こしてみますと、どう考えても、「学校の勉強」よりも〝さまざまな人生勉強〟の方に夢中になっていました。

もちろん、自分自身の持って生まれた才能や努力も無視できないと思いますが（こういうことはいい難いのですが）、私はさまざまな幸運、さまざまな人の助けに恵まれ、そしてさまざまな偶然が重なって、「人生の、その時しかできないこと」をやってこられたなあ、と私の人生をつくってくれたすべての人々、〝宇宙〟のすべての〝存在〟に深く感謝しながら毎日を送ることができています。これは、本当に幸せなことだと思います。私自身、「人生には、その時しかできないことがある」、そして、それをやっておくことが「豊かな、充実した人生につながる」ということを実感しています。

このような私自身の実体験から、例えば「感性が豊かな幼稚園、小学校時代」を「自然」の中に出ることなく、テレビゲームやスマホ、パソコンの世界にこもったり、学習塾に通って受験勉強に明け暮れたりしていたら、どのような人間になり、結果的にどのような人生を送るのだろうか、とはなはだ心配になるのです。普段の学期中には「自然」の中に入って行く時間がなくても、「感性が豊かな幼稚園、小学校時代」の夏休み、冬休み、春休みには、たとえ数日間でも大自然の中に入って行き、テレビやスマホやパソコンから離れた野生的な生活を送ることはきわめて重要です。私は、これらの野外活動を学校教育の中の必修科目にすべきだと思っています。

何で勉強しなきゃならないの？

人間は生まれてから死ぬまで、家庭、学校や社会でさまざまなことを、さまざまな人やさまざまなことから勉強します。その「勉強」の目的は、時期と人によってさまざまでしょう。

親御さんは、わが子に「何で勉強しなきゃならないの？」と聞かれたら、何と答えるのでしょうか。

学校でよい成績を取るため？　有名学校に入るため？　有名企業に就職するため？　将来の生活の経済的安定のため？

また、みなさん自身は何で勉強するのでしょうか。

勉強が好きだから？　親が「勉強しろ」というから？　学校の先生が「勉強しろ」というから？　有名学校へ行きたいから？　有名企業に就職するため？　お金持ちになりたいから？　人生、楽に暮らしたいから？

タテマエはともかく、ホンネでいうとすれば、さまざまな答があるでしょう。

私は、「フーテンの寅さん」が主人公の映画「男はつらいよ」（全48作）の熱狂的ファンで、全作を平均すれば5〜6回、好きなものは10回くらい観ており、筋書きはもとより、台詞まで憶えているくらいなのですが、この第40作「男はつらいよ 寅次郎サラダ記念日」（1988年12月公開）の中で、寅さんと大学受験に失敗し浪人中の甥・満男が次のようなとても興味深い会話をしています。

満男が寅さんに「大学へ行くのは何のためかなあ」と聞きます。中学校すらまともに出ていない寅さんは「決まっているでしょう。勉強するためです」と答えます。これは、きわめてまっとうな常識的な答なのですが、私のように日常的に現実の大学生を見ている人間からしますと、「勉強するために大学へ行く」ということは、必ずしも「決まっている」ことではないらしく、「何のために大学へきた」のかわからないような学生が少なくないのも否めないのです。浪人中の満男が悩むのも当然です。寅さんのいうように、本来は「勉強するために大学へ行く」のです。満男は続いて「じゃあ、何のために勉強するのかなあ」と質問します。

古代ギリシャ以来、「何のために学問するのか」は多くの賢者を悩ませてきた問題なのです。『学問のすゝめ』を書いた福沢諭吉ならば「愚人にならず賢人となるため」と答えるかもしれません。しかし、このような答は、いわば「賢人の答」であり、満男やこれから大学へ行こうとする者にとっては「空論」に聞こえるでしょう。

寅さんはさすがです。

「お前は難しいことを聞くなあ…つまり、あれだよ、ほら、人間、長い間生きてりゃあ、いろいろなことにぶつかるだろう。な、そんな時、オレみたいに勉強していないヤツは、振ったサイコロの目で決めるとか、その時の気分で決めるよりしょうがない。ところが、勉強したヤツは、自分の頭できちんと筋道立てて、はて、こういう時はどうしたらいいかな、と考えることができるんだ」と答えるのです。

そうなのです。

どうして、学校でいろいろなことを勉強するのかといえば、それは「物事を、自分の頭できちんと筋道立てて考えることができるようになる」ためなのです。

いま、私は大学で「教育」に携わっているのですが、もし、学生に「何のために勉強するのか」と聞かれたら、この寅さんのように答えます。私には、これからの若い人たちに対し、この寅さんの言葉以上に的を射た答は見つかりません。

学校できちんとした勉強をしていない寅さんは、きちんと筋道立てて考えられないことに劣等感を持っています。実際、そのために、寅さんらしい失敗を繰り返すことになるのです。しかし、寅さんは寅さんなりに、いつも「人間性」という観点での「筋道」を通している、と私は思っています。だから、私は寅さんの大ファンなのです。寅さんの「筋道」は学校なんかではなかなか学べない、人間として本当に大切なものなのです。しかし、そのような寅さんの「筋道」（私はそれが大好きなのですが）はしばしば現代の「社会常識」からずれてしまうために、さまざまな悲喜劇が生まれる次第です。

いずれにせよ、学校で勉強する本当の目的は、試験でよい点を取ることでも、「有名校」の入学試験や「有名企業」の入社試験に合格することでもないのです。それは、一つの「結果」にすぎません。それなのに、現実的には、多くの学校では試験対策的な「教育」が行なわれているのはまことに遺憾なことだ、と私はいつも思っています。自分自身の頭で筋道立てて考える智慧を付けるために、いろいろなことを勉強するのです。

この〝いろいろなこと〟は「学科」だけのことではありません。趣味や遊びや部活動や、そのほかさまざまな「社会勉強」をも含みます。学校で何かを学んでも、それだけでは何もできません。自分の頭で筋道立てて考えることが大切なのです。

ですから、「文系の人」でも「理系の人」でも、学校で（別に「学校」でなくてもよいのですが）勉強した人は「自分の頭で筋道立てて考えること」ができなければなりませんし、また、できるはずなのです。

私はいつも学生に「常識的な答を知っている人間になるより、物事の本質を問える人間になって欲しい」といっています。

いまの世の中、「常識的な答」はインターネットなどで、誰にでも簡単に得ることができますが、「物事の本質を問う」ということは簡単なことではありません。物事の本質が問えるためには、「筋道立てて考えること」が前提になります。ＩＴが発達した社会が求める人材（人財）が「常識的な答を知っている人間」ではなく「物事の本質を問える人間」であることは明らかでしょう。

「筋道立てて考える」ということ

　ここで問題にしたいのは、その〝筋道〟です。

　さまざまな事象の間に客観的・普遍的な規則や原理を見出し、全体を体系的に組織し、説明しようとするのが〝科学〟です。したがって、その対象によって、科学は人文・社会科学（文系）と自然科学（理系）に大別されます。

　人文科学が対象にするのは人間の精神活動であり、広くは人類の文化です。また、社会科学の対象は人間の生活環境や社会現象です。つまり、文系の科学の対象は個別的であり、時代あるいは地域によっても変化し得ますし、そのような〝変化〟自体が〝科学〟の重要な対象になるのです。

　いま「さまざまな事象の間に客観的・普遍的な規則や原理を見出し、全体を体系的に組織し、説明しようとするのが科学である」と述べたばかりなのですが、じつは、人文・社会科学の対象を考えれば、それによって導かれる結果・結論は、宇宙全体の観点からはもとより、地球（世界）的観点からは、普遍的にはなり得ず、その適用範囲の広さに違いはあっても、いずれにせよ個別的であり地域的であり時代的なものにならざるを得ないことは避けられません。また、このような〝個別性〟、〝地域性〟、〝時代性〟が人文・社会科学の真髄でもありましょう。

さて、〝筋道〟の話ですが、いま述べたことからすでにおわかりのように、「文科系の人」の〝筋道〟の基盤は〝個別的〟、〝地域的〟、〝時代的〟になる傾向があります。具体的にいえば、〝筋道〟の基盤や判断の規準が〝時代〟や〝社会情勢〟や〝生活環境〟などによって変化、変動し得るということです。

一方、自然科学が対象にするのは客観的な〝実在〟と〝挙動〟です（じつは、現代物理学の観点からいえば、この〝客観的〟や〝実在〟がクセモノなのですが、ここでは深入りしないことにします）。

それらは第一に、個々の人間に特有のものではなく、普通の、一般的な能力の持ち主であれば誰にでも共通に認識できるものです。また、第二に、それは実験あるいは観測によって曖昧さなしに検証できるものです。したがって、特定の個人、地域、社会、時代によって変動するような事象は自然科学の対象にはならないのです。

このため、自然科学においては、このような〝実在〟に対する実験や観測が重視され、それらで得た結果を〝客観的事実〟として認め、この自然を理解しているのです。事実、私たちの生活空間からはるかかなたの宇宙まで、正しく行なわれた実験・観測によって得られた結果と〝自然〟とが見事に対応しています。

自然科学を勉強した「理系の人」の〝筋道〟の基盤は、このような〝自然〟の事象であり、その理屈を考える自然科学から導かれる宇宙規模で普遍的なことを自然の摂理と考えるのです。「理系の人」は、きちんと筋道立てて考えることを、〝自然〟と自然科学から学ぶのです。したがって、そのような〝筋道〟に忠実である限り、自分の行動を〝その時の気分で決める〟ことはなく、また、そのような〝その時の気分で決める〟行動が是認される余地はないのです。もちろん、いずれにせよ人間ですから、自分の行動を〝その時の気分で決める〟ことがあっても仕方ないし、場合によってはすばらしいことなのでもありますが、少なくとも、「理系の筋道」の基盤は、それを是認してはくれないのです。

学校で、数学、物理が嫌い、あるいは苦手で、「数学」や「物理」という文字を見ただけで後込《しりご》みしてしまう人が少なくないのですが、数学や物理の「考え方」は「筋道立てて考える」ためのすばらしい基盤になるのです（拙著『物理学者が教える筋道たてて考える技術』（大和出版））。いい方を換えれば、数学や物理を勉強する上で最も大切なのは公式を憶えるようなことではなく、「筋道立てて考える力」を養うことなのです。

例えば、「１㎜の大きさ」は小さいのでしょうか、大きいのでしょうか。「１００ｍの大きさ」は小さいのでしょうか、大きいのでしょうか。それが小さいか、大きいかは「基準」を決めなければいえないのです。しかし、勝手に小さいか、大きいかを決めてしまっていることはありませんか。

また、例えば、ある集団１００人の「平均年収」を調べたら「平均」が１６７０万円でした。年収が１０００万円の人は「世間的にいえば、自分の収入はかなりよい方だ」と満足していたのですが、この「平均」を知って愕然としました。しかし、この「１００人」の中には年収が10億円の人がいて、このたった一人が「平均」を大幅に引き上げていたのです。実情を知れば、年収が１０００万円の人は十分に満足していてよいのです。

「筋道立てて考える」基盤として利用する数学や物理の「考え方」とはこのように簡単なことです。簡単なことではありますが、それらを基盤にして考えるか否かで、結果は劇的に変わってしまうのです。

科学的態度

繰り返し述べました〝きちんと筋道立てて考える〟のが、いわば「科学的態度」というものです。科学的態度の土台は自分自身の観察、客観的事実、先人の知識の積み重ねです。これらを総合的、論理的に考えるのが〝きちんと筋道立てて考える〟ということです。

自然科学の分野で、いままでに幾多の天才が現われていますが、中でも、文句なく〝天才中の天才〟と呼んでよいのはニュートンでしょう。17世紀から18世紀にかけて、物理学、数学、天文学の体系をまとめあげたイギリスの科学者です。この大天才・ニュートンが「もし、私がほかの人よりも遠くを見ることができるとすれば、それは、私が巨人たちの肩の上に乗っているからだ」といっているのですが、私は、ニュートンの、この謙虚で、正当な言葉が大好きです。ニュートンがいう「巨人たち」というのは、ニュートン以前のアリストテレス、コペルニクス、ガリレイ、ケプラーらの自然哲学者、科学者たちのことです。ニュートンが物理学、数学、天文学を体系化できたのは、もちろんニュートン自身の天才性に負うところが大きいのですが、先人たちの努力、その結果としての知識が土台になっているのです。そのことを、ニュートンは謙虚に「巨人たちの肩の上に乗っている」といっているわけです。そして、ニュートンの肩の上に乗るのがニュートン以降のファラディ、マクスウェル、ローレンツ、アインシュタインらの科学者です。そして、彼らの肩の上には次代の科学者が乗るのです。このように、科学は人類の叡智《えいち》の積み重ねなのです。もちろん、科学は万能ではありませんし、科学的に理解できないことはまだまだたくさんあるのですが、積み重ねられた叡智は簡単には崩れることがありませんし、私たちが〝筋道立てて考える〟上で、十分に信頼できる基盤です。

科学は十分に信頼できるものであるだけに、それを逆手にとった、いかにも「科学」

っぽい道具や理屈を使った〝詐欺〟が少なくないのも事実です。私にはどう考えても科学的根拠があるとは思えない「科学」的成果をうたった、さまざまな詐欺まがいの商品、特に「健康・医療」関係の商品は昔からたくさんありました。

例えば、「念力で空中浮遊する」というような荒唐無稽《こうとうむけい》の「超能力」に騙《だま》される人は少ないと思うのですが、一見「科学」的な人に、ちょっと「科学」的な言葉を使われ、あたかも「科学」的な「データ」を示されると騙されてしまう人が少なくないようです。確かに、普段、科学に縁がない人が、「科学」っぽい言葉や「理屈」、つまり「ニセ科学」に惑わされることも理解し難いことではありません。

しかし、日常の場において、栄養過多の人が苦労しないで簡単に痩《や》せることも、「よくない頭」が「よい頭」に簡単に変わることもないであろうことは、ちょっと冷静に筋道立てて考えればわかることです。

ちょっと考えればわかることは「ニセ科学」だけではありません。労せずして簡単に「金が儲かる」はずがないではありませんか。簡単な挨拶程度の英語ならまだしも、「1日5分の努力」で実用的な英語が話せるようになるはずがないではないですか。道具を買い替えるだけで、ゴルフのスコアがすぐによくなるはずがないではないですか。

書店で「本が10倍速く読める法」とか「記憶力が10倍よくなる法」とか「1週間で5か国語がペラペラになる法」とかいう本を見かけることがありますが、そんなうまい方法があるわけないじゃないですか。

このような例は枚挙にいとまがありません。

私たちは、きちんと筋道立てて考える科学的態度によって、このような〝詐欺〟や最近跡を絶たない〝振り込め詐欺〟などの被害から自分の身を守ることは簡単です。

もちろん、「人を騙す人間」が悪いことはいうまでもありませんが、私は「騙される人間」も悪い、「騙される人間」にも相応の責任がある、と思っています。

ところが、『水からの伝言』という「水の写真集」に書かれた、あまりにも荒唐無稽な、超非科学的な内容が「小中学校の道徳の授業などに使われた」らしい記事を読んで、私は愕然《がくぜん》としました。

その「あまりにも荒唐無稽な、超非科学的な内容」はあまりにもバカバカしいので、本当は、ここに記す気にもなれないのですが、この「あまりにも荒唐無稽な、超非科学的な内容」を信じている人が少なからずいる、という「ことの重大さ」を読者のみなさんに理解していただくために若干触れざるを得ません。

この『水からの伝言』には、透明容器内の水に「ありがとう」というような感謝の気持ちを表わす言葉を書いた紙を貼り付けて凍らせると美しい形の結晶になり、逆に「バカヤロウ」というような言葉の場合には醜い形になる、というようなことが書かれているのです。この水は日本語のみならず、英語、韓国語も「理解」します。さらに「天照大神」と書いた紙を貼り付けて凍らせると美しい形の結晶になり、「アドルフ・ヒットラー」と書いた紙を貼り付けて凍らせると醜い形になる、というのです。この水は日本史、世界史も「理解」するようです。

このような話を寓話として読むのであれば、とても面白いし、私はこのような主旨の寓話は嫌いではありません。しかし、この本の犯罪性は、「水の結晶（氷）の形」の話が、あたかも「科学的実験」によって実証されているように書かれていることです。

じつは、私自身、5年間ほど水の物理的性質に関する科学的研究をし、その研究成果を『「水」をかじる』（ちくま新書）として出版していることもあり、この『水からの伝言』に書かれている内容について、複数の人から「本当ですか？」と何度も質問され、そのたびに、一笑に付してきた経緯があるのです。私にはきわめて意外なことに、私の「一笑に付す態度」を快く思わない人（つまり『水からの伝言』の内容を信じている人）もいます。私は、そのような人には「もちろん、私は、何でも科学的に説明できるなんて思っていませんし、人間の科学では説明できない厳然たる事実があることも知っていますが、この水の結晶の形の話はあまりにもナンセンスで、どう頑張っても、あり得ないことです。だいいち、水はどうやって日本語、韓国語、英語の言葉の意味や、日本史や世界史の事実を知るのですか？」といって済ませてきたのです。また、このようないかがわしい本がたくさん売れているらしいことを知っても、「別世界のこと」として無視しておけばよかったのです。

しかし、「ニセ科学」の権化のような『水からの伝言』をあたかも科学的事実のように見せ、それを子どもの道徳教育に利用しようとしているとすれば、それは、科学に対しても、道徳に対しても、そして人間の心に対しても、冒涜《ぼうとく》以外の何ものでもありません。

何ごとにも自分自身の五感で実際に触れていれば、真贋《しんがん》、真偽《しんぎ》の区別はそれほど難しいことではなく、また一時的に「誤解」したとしても、自分自身の五感で触れ続けている限り、そのような誤解は、いずれ解けるのです。

さまざまな〝詐欺〟や〝ニセ科学〟に騙されないための最も強力な〝武器〟がきちんと筋道立てて考える科学的態度なのです。

肝心なことは目に見えない

普通、私たちは、目に〝見える〟ものは絶対的だと思います。何といっても、実際に目に〝見えている〟のですから、それは動かしようがない「事実」だと思うのは当然です。

したがって、私たちが視覚に頼るのは仕方がないのですが、そこに大きな落とし穴があるのです。私たちは「五感（視覚、聴覚、嗅覚、触覚、味覚）」でものを認識するわけですが、私たちの視覚には、そして、ほかの「四感」にも、厳然たる限界があるのです。

私も愛読者の一人ですが、サン＝テグジュペリの世界的なベストセラーに『星の王子さま』という〝おとなのための童話〟があります。「おとなの人は、むかし、いちどは子どもだったのだから、わたしは、その子どもに、この本を捧げたいと思う。おとなは、だれも、はじめは子どもだった。（しかし、そのことを忘れずにいるおとなは、いくらもいない。）」（内藤濯訳、岩波少年文庫）という「まえがき」から私はサン＝テグジュペリに引き込まれてしまいます。この本の中で、王子さまと仲よしになったキツネが、王子さまへ「心で見なくちゃ、ものごとはよく見えないってことさ。かんじんなことは、目に見えないんだよ。」という言葉を贈ります。私は、この場面を読んだ時、このキツネはなんて賢いんだろうと思いました。

古代ギリシャは数々の哲人、賢人を輩出しましたが、中でも傑出しているのがデモクリトスです。

デモクリトスは、視覚でとらえられるものは有力な情報だけに過信しがちであり、思考の妨げになる、といって、自分で自分の目をつぶしてしまったそうです。また、古代ローマの哲学者・セネカも、「私は、人間の評価に肉眼の目を信じない、私が持っているのはもっと立派な、もっと確実な眼光であり、私は、その眼光によって本ものと偽ものを見分けることができる」というようなことをいっています。さらに、日本の能にも「ものは胸で見ろ、目で見るな」という教えがあります。

つまり、肝心なものは目に見えないのです。目に〝見える〟ようなものはたいしたものではないのです。

五感で〝見える〟ものは、基本的に誰にでも見えるものです。誰にでも簡単には見えないものを〝見る〟かどうか、〝見える〟かどうか、が創造的人生の分かれ目です。

五感で見えないものを〝見る〟にはどうしたらよいのでしょうか。

五感で見えないものを〝見る〟のが、第六感あるいは〝心の眼〟です。いい方を換えますと、ものの本質は〝心の眼〟でなければ見えないのです。

ところが、困ったことに、そのような〝心の眼〟は簡単に得られるようなものではないのです。もちろん、お金で買えるようなものでもありません。自分自身でつくり上げていくほかはありません。結局、私たちは、そのような〝心の眼〟を自分自身でつくり上げていく過程が、さまざまなものを学ぶということです。考えながら学ぶ、ということです。究極的には〝考える智慧〟を身に付けることです。

ものの見え方、考え方は相対的

私は小さい頃から動物園が大好きで（本当のことをいえば、私が好きなのは動物ですので、動物たちが「動物園」という「檻」の中に入れられているのを見るのは辛いのです）、日本でも外国へ行った時でも、そして〝おとな〟になったいまでも、折に触れて動物園へ出掛けるのですが、そのたびに、この地球上にはじつにさまざまな生きものがいるものだなあ、と感心します。同時に、近年の地球環境悪化によって、年間５０００種もの生きものが絶滅の危機に瀕している、というような話を聞きますと心が痛みます。

動物の大きさ、形、色、動きなどはじつにさまざまです。キリンやゾウのそばに行けば、その見上げる大きさに驚き、アリを見れば、その小ささと俊敏な動き、その高度に統制された〝社会性〟にも感心します。

動物園をひと回りして感じるのは、ヒトというのは地球上の生きものの中で相当大きな部類に属するのではないか、ということです。動物園へ行くと、どうしても大きな動物の方に目が向いてしまいますので、私は、ヒトは小さい生きもの、という印象を持っていたのです。正確なことは生物の分類学者に聞いてみないとわからないのですが、直感でいえば、ヒトは大きい方から確実に1パーセント以内に入っているように思われます。

しかし、グランドキャニオンやヨーロッパ・アルプスの山々を目の前にした時、ハワイ島のマウナ・ケア山頂で満天の星を見上げた時、そして、タクラマカン砂漠の中に立った時、私は自然の雄大さと同時に人間の小ささを痛感したのです。また、船で、360度見渡すかぎり大洋の真っただ中に出た時、私は地球の大きさに驚いたのです。しかし、日常的な実感からすれば広大に思える地球も、130億光年の宇宙空間を尺度とすれば、極く微少な一点にすぎないのです。

真言宗の開祖・空海はものの大きさや量が相対的であることを「ガンジス河の砂粒の数も、宇宙の広がりを考えれば多いとはいえず、また全自然の視野から見れば、微細な塵芥も決して小さいとはいえない」というたとえで述べています。また、空海は「激しく降る雨は水流のように見えるが、本当は一粒ずつの水滴の集まりである」とも述べています。私たちは水を使う時、あるいは飲む時、それを構成する水滴や、さらにその水滴を構成する水分子や酸素原子、水素原子のことを意識することはないのですが、いずれも視点を変えた場合の〝姿〟です。

誰でも小さい頃から、東から出る時の太陽や西に没する時の太陽は、真昼の太陽よりも明らかに大きいということを実感しているでしょう。

物理的に細かいことをいえば、太陽光の屈折の関係で〝見える〟太陽の大きさは若干異なるのですが、それは人間の視力を考えれば誤差の範囲内ですので、〝大きく見える太陽〟は基本的には錯覚で、地球から見る太陽の大きさはいつも同じです。

それではなぜ、私たちの視覚はそのような錯覚をするのでしょうか。

簡単にいえば、相対的な比較の問題なのです。

真昼、天空を背景にする太陽には大きさを比較するものがありません。たとえ太陽がどれだけ大きなものであったとしても、無限の広さを持つ天空と比べたら小さなものなのです。

ところが、例えば日没の時、太陽の周囲には樹木や家や山など、太陽の大きさを感じさせてくれる〝規準〟があります。地平線や水平線に没する時でさえ、地平線あるいは水平線という〝規準〟があるのです。その〝規準〟の大きさのお蔭で、天空にある時は小さく見える太陽が、日没時には巨大に見えるのです。これは錯覚なのです。

つまり、人間の認識はあくまでも相対的であり、相対的な規準を尺度としたのでは、真の自然、世界を見きわめることはできない、ということです。

このような〝錯覚〟は私たちが人物や作品など、どんなものを見る場合にも陥りやすいものです。ものや人物を正しく認識し評価するために、「背景」や「相対的な尺度」や「肩書き」などに惑わされることがないようにしたいものです。

〝お化け煙突〟が教えてくれたこと

昔、東京の北千住の空に東京火力発電所の〝お化け煙突〟(図1)と呼ばれる煙突がそびえていました。それは見る場所によって、1本にも、2本にも、3本にも、4本に

図1　千住火力発電所の通称“お化け煙突”

写真提供／足立区立郷土博物館

も見える煙突でした。だから〝お化け煙突〟と呼ばれたのです。

東京・駒込生まれの私は、小さい頃、車窓から眺めていると、見る場所によって数が変わっていくこの煙突が不思議で仕方ありませんでした。私にとっては文字通り〝お化け煙突〟だったのです。

親に、なぜそのように見えるのかを尋ねても、答は「お化け煙突だからさ」でした。私が自分で、円筒形の積み木を並べてみて、その秘密を見つけるまでしばらくの時間がかかりました。実際に〝お化け煙突〟を車窓から眺めていて、１本に見える時だけ煙突が太くなるのが大き

図2　お化け煙突の「お化け」の正体

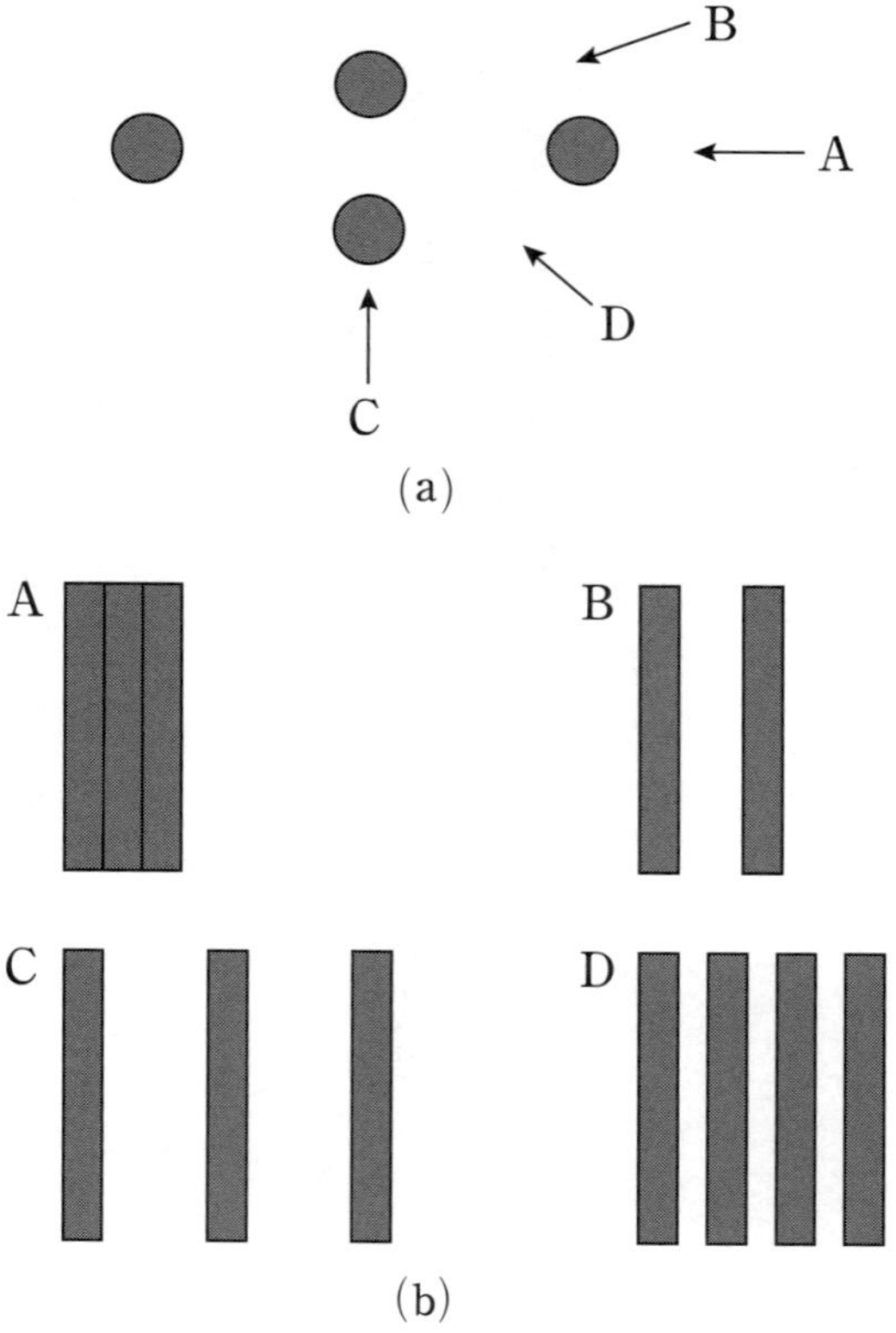

なヒントでした。

思い付けば、〝お化け煙突〟の〝秘密〟は簡単でした。

図２(a)のように、４本の煙突が扁平な菱形の各頂点の位置に立っていたのです。

だから、図２(b)に示すように、A～Dの見る方向によって煙突の重なり具合が変わって１本から４本に見えるのです。２本の煙突の間に直交する２本の煙突が重なる場合に１本に見えるのですから、その時は太さがおよそ３本分になるのです。２本から４本に見える時の煙突の太さは同じ１本分の太さです。


もちろん、当時のおとなにとっては、こんな〝秘密〟はわかりきったことだったのでしょうが、〝お化け〟の正体を見つけた当時、幼稚園児であった私は大いに興奮したことを、それから60年以上たったいまでもはっきりと憶えているのです。もし、あの時、親がすぐに〝秘密〟を教えてくれたなら、私がこれほど鮮明に憶えていることはなかったでしょう。その時のことを、いまでも鮮明に憶えているのは、自分なりに苦労して考えながら〝秘密〟を自分自身で見つけたからです。現在の親御さんや学校の先生だったらどうでしょうか。子どもが何か聞いたら「それはね…」とすぐに〝秘密〟を教えてくれるのではないでしょうか。あるいは、インターネットで「お化け煙突の秘密」を調べれば、図入りの解答が簡単に得られるでしょう。「お化け煙突の秘密」を「知識」として知っていてもたいした意味はないのではないでしょうか。私は断言したいのですが、そのようにして簡単に解答を得た子どもが〝お化け煙突〟のことを長年、自分の記憶の中に留めておくことはないと思います。お金でも何でも、簡単に得られるものは、簡単に消えてしまうものです。

さて、ある人が〝お化け煙突〟が1本に見える土地に住み、他の土地へ行くことなくそこで一生を終えたとしますと、その人は「1本の煙突」を信じて疑いません。生涯、2本、3本、4本に見える土地で暮らした人にとっても同じことで、彼らにとっては〝お化け煙突〟でもなんでもなく、ただの煙突です。

もし、各地を代表する4人が集まって「北千住にある東京火力発電所の煙突は何本か」という議論を始めたとしますと、彼らはそれぞれ1本、2本、3本、4本と主張し、互いに譲らないでしょう。事実、彼らにとってはそのように見えているし、それ以外には見たことがないのですから当然です。「4本だ」といった人は、結果的には正しかったのですが、たまたま自分が4本に見える土地にいただけであって「4本だ」と主張したこと自体は他の3人と何ら変わることはないのです。

このお化け煙突の話のように、世の中、とりわけ、狭い世界でのみ生活している〝井の中の蛙《かわず》〟には、このような思い込みや誤解は珍しいことではないのです。だから昔から「井の中の蛙大海を知らず」という諺《ことわざ》があるのです。

特に、話が観念的なものではなく、〝お化け煙突〟のように、実際に見えているものの場合は厄介です。

思い込み、誤解を解くのは容易なことではありません。大切なことは、自分の視座のみにとらわれることなく、ものごとを素直な気持ちで、他人の視座からも眺めてみることです。

結晶が教えてくれること

誰でも〝結晶〟という言葉を知っているでしょう。

日常生活の中でも〝汗の結晶〟とか〝努力の結晶〟というように〝結晶〟という言葉が使われます。みなさんのお子さんは〝愛の結晶〟でしょうか。

このように、日常生活の中で使われる〝結晶〟という言葉には「長年の努力の結果できあがった、あるいは獲得した非常に尊い貴重なもの」というニュアンスがあります。

一般に知られている現実の具体的な結晶の代表はダイヤモンド、ルビー、サファイアなどの宝石でしょう。これらの天然宝石は、実際、地質学的な長い年月を経て、地中でつくられた尊く、貴重な〝宝の石〟です。

物理学者の中谷宇吉郎が「天からの手紙」と呼んだ雪は、水蒸気が昇華してできた結晶です。

さらに、日常生活に欠かせない塩や砂糖や化学調味料も結晶の一種です。

人間社会の中で、結晶はさまざまなイメージ、姿、種類を持っているのですが、それを科学的に定義してしまいますとまことに簡単明瞭なのです。

すべての物質は原子の集合体ですが、結晶というのは、この原子が立体的に規則正しい周期性を持って並んでいるものです。

結晶の〝型〟はいくつかのグループに分類されているのですが、宝石の代表であるダイヤモンドとエレクトロニクスの主要基盤材料であるシリコン（ケイ素）は同じグループに属し、それらの外形の理想系はピラミッドを2個合わせたような、8個の正3角形からなる正8面体です。図3は、その正8面体の結晶模型をさまざまな角度から眺めたものです。黒い粒が原子、それらの黒い粒は棒のようなもので結び付けられています。

まず（a）は、この模型を不特定の任意の方向から眺めたものですが、これからは外形が正8面体であることや構成原子が規則正しく並んでいることなど知る由もありません。私たちの人生について考えてみましても、このような状況に置かれることがしばしばあるでしょう。目の前の視界が閉ざされ、先がまったく見えない状況です。壁に突き当たったり、スランプに陥ったり、どうにもならなくなった状態です。

このような場合、ブルドーザーのように、あるいはドリルで穴を開けるように強引に突き進むのも一つの方法でしょう。自信をなくして諦めるか、あるいは、最悪の場合は自殺してしまうかも知れません。

ところが図3(a)の結晶模型を回転し、正8面体を形成する1つのピラミッドの頂点の

図3　正8面体ダイヤモンド結晶模型のさまざまな見え方

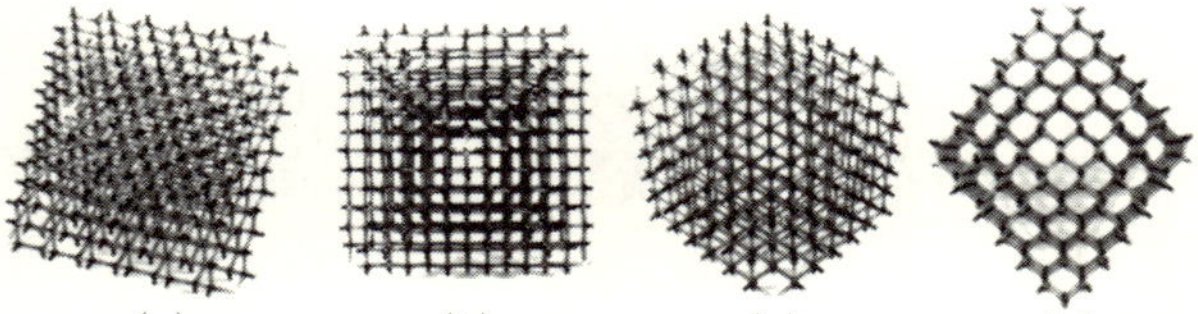
(a)　(b)　(c)　(d)

位置から見下ろしますと、(b)のようなきれいな正方形のトンネルが見えます。また、正8面体を形成する正3角形の真上から眺めますと、こんどは(c)のような正3角形のトンネルが見えます。さらに、合わさった2個のピラミッドを真横から眺めますと、なんと、(d)のような大きな正6角形のトンネルが見えるのです。

繰り返しますが、図3(a)〜(d)は、同じ結晶模型を4つの異なった方向から眺めたものです。同じものでも、見る方向（角度）によって、〝見え方〟がまったく異なるのです。

自分の前途が(a)のような状態であれば、まことに悲観的になってしまうかもしれませんが、この結晶模型は、見方や観点を少し変えてみることで(b)〜(d)のようにサアーッと道が開けることを教えてくれています。特に(a)と(d)の差は著しいではありませんか。両者が同じものであるとはとうてい思えないほどです。見る角度をちょっと変えるだけで、見え方がこれほど顕著に変わってしまうことに、本当に驚かされます。じつは、この結晶模型は、私自身が35年ほど前に自分で組み立てたものなのですが、私はいまでもこの模型を飽きずに手に取って眺めて喜んでいます。

この結晶模型は、ものごとや人物を見る場合、一方向、一面だけではなく、多角的、多面的に見て、その姿や価値を正しく評価し、判断することの大切さも教えてくれています。

結局、私たちは、人生のさまざまな場面、局面で、このように、事象や人物を多角的、多面的に見られるようになるために、いろいろな勉強や修行をするのだと思います。また、教育の目的も、そのような能力を身に付けさせることでしょう。私は、そのような能力こそ、本当の教養であり智慧だと思います。

ところが、学校では「見る方向」と「その場合の見え方」を教えてしまうのです。

お化け煙突の場合と同じように、この結晶模型を手にとって、実際にさまざまな方向から眺めて、その見え方の激変に驚き、感動することが大切なのです。何でも教えることは必ずしもよいことではないのです。

原料が同じでも…

この地球上にはおよそ100種類の元素が存在しますが、私たちにとって最も身近な元素は何といっても酸素、水素、窒素、炭素でしょう。

私たちが生命を維持する上で不可欠な水は酸素と水素の化合物ですし、空気の99パーセントは窒素と酸素です。また、私たちの身体のほとんどはこれらの4元素でできています。私たちの体重の60パーセント以上は水ですし、およそ20パーセントは炭素です。

先ほどダイヤモンドの結晶模型の図を示しましたが、じつは、この〝宝石の王様〟ダイヤモンドは炭素そのものです。あの真っ黒な炭と同じ炭素です。鉛筆やシャープペンシルの芯の主成分も炭素（煤《すす》）です。こういうことを〝知識〟として知ってはいても、実際、割れやすい、真っ黒な炭や鉛筆の芯と、地球上のあらゆる物質の中で最も硬く、ピカピカと光り輝くダイヤモンドの〝元〟が同じ炭素である、というのは不思議なことです。

もちろん、ダイヤモンド、炭、鉛筆の芯のうち、どれが最も価値があるか、というようなことはいえません。それぞれの用途、また個人的な価値観によって決められることです。

私のように「焼き鳥屋で一杯」が好きな人間には備長炭のような炭に一番の価値があるように思えますし、また私のような鉛筆愛好者にとっては鉛筆の芯も重要です。

このように、物としての価値については一概にはいえないのですが、炭素から成るさまざまな物質の中で、ダイヤモンドが最も希少、貴重であり、最も高価であることは確かです。

ところで、同じ炭素という元素でありながら、どうしてダイヤモンドや炭や鉛筆の芯のようなまったく別の物質になってしまうのでしょうか。不思議なことです。何が、どう違うのでしょうか。

結論をいいますと、話は単純明快で、炭素原子のくっ付き方が違うのです。ダイヤモンドが最も希少だということは、ダイヤモンド構造にくっ付く炭素原子が希少ということです。つまり、普通、炭素原子は炭や煤の構造にくっ付いてしまうのです。

つまり、原料となる原子がまったく同じでも、それらのくっ付き方によっては、まったく異なる物質になってしまうのです。このようなことは、炭素の場合に限られることではなく、自然界にはしばしば見られることなのです。

自然界ばかりでなく、同じ〝素材〟を使っても、〝料理人〟の腕次第で〝味〟がガラリと変わってしまうことはさまざまな分野でごく普通に見られることです。また、両親が同じでも、育った環境次第で子どもの性格がガラリと変わってしまうこともあります。環境は非常に重要です。

自然界においても、人間社会においても、〝素材が同じでも結果が大いに異なる〟という現象の〝発端〟あるいは〝きっかけ〟は多くの場合〝ちょっとしたこと〟なのです。その発端の〝ちょっとしたこと〟が、その後の人生をガラリと変えてしまうこともあるのです。

〝ちょっとしたこと〟を軽視すると、とんでもないことにもなり得ますから注意が必要です。

ありふれたものでも…

世の中にはさまざまな宝石があります。その〝王様〟と呼ばれているのが、いま述べたダイヤモンドです。

宝石は〝宝の石〟で、真珠や珊瑚などの例外を除けば鉱物です。

地球にはおよそ３０００種の鉱物がありますが、その鉱物を形成するのは、自然界に存在する約１００種の元素で、鉱物に限らず、すべての物質は、これらの元素の組み合わせやくっ付き方の違いによる結果であることはすでに述べた通りです。

さて、宝石は希少な〝宝の石〟なのですが、その成分（原料）を知れば、あまりに意外なことに驚くでしょう。いますでに、ダイヤモンドの〝原料〟が炭や鉛筆の芯と同じ炭素であることに驚いていただいた（多分）ばかりなのですが、他のすべての宝石の〝原料（成分）〟も〝ありふれたもの〟なのです。

ダイヤモンドと並ぶ宝石の代表格である赤いルビーも青いサファイアも、その成分は研磨材の白い粉あるいは坩堝《るつぼ》などに用いられる白色磁器と同じ酸化アルミニウムという酸素とアルミニウムの化合物です。また、水晶、アメジストの成分は〝白砂青松〟の白砂と同じ酸素とシリコン（ケイ素）です。赤や青、あるいは緑と変幻自在、虹の色に輝くオパールもタネを明かせば、酸素とケイ素と水から成る化合物にすぎません。ガーネットやエメラルドの主成分もありふれた酸素、ケイ素、アルミニウムです。

いま、酸素、ケイ素、アルミニウムを〝ありふれたもの〟といったのですが、どれくらいありふれているかといいますと、地殻の重量のおよそ83パーセントを占めるのが、これらの3元素なのです。ついでに述べますと、エレクトロニクスの基盤であります半導体シリコン（私は〝現代の宝石〟と呼んでいます）の原料となる白砂は地殻のおよそ75パーセントを占める酸素とケイ素です。

つまり、宝石はどこにでもあるきわめてありふれた原料でできているのです。

ところで、世の中はグルメブームだそうで、テレビにも「グルメ番組」や「料理番組」が少なくありません。そして、そのような番組に出てくる〝素材〟は「〜産の〜」、「〜直送の〜」あるいは「いまが旬の〜」が多いのです。

つまり、決してどこにでもあるありふれたものではなく、たいていは貴重、希少なものばかりです。

私は、本当の料理の達人とは、どこにでもあるありふれた素材を使って、誰の舌でもびっくりさせるほどおいしい料理をつくる人のことだと思っています。宝石をつくり出す自然は、まさに〝料理の達人〟です。

貴重、希少なものを使って、貴重なものをつくっても、それは当たり前のことではありませんか。

宝石は、同じ素材、ありふれたものでも、智慧と工夫次第で、予想もできなかったようなすばらしいものをつくれるのだ、ということを教えてくれているのです。私たちがいろいろなことを勉強するのは、このような智慧と工夫のためでもあるのです。

私はいつも、一番すばらしい「教科書」は〝自然〟だと思っているのですが、自然を素直に眺めれば、自然はまず感性を育ててくれますし、たくさんの〝教え〟を授けてくれるのです。だから、36ページで述べましたように、感性が豊かな幼稚園、小学校時代には大いに自然に触れることが大切です。残念なことに、いま、幼稚園、小学校時代に自然に触れる機会も時間も、昔と比べれば激減しているのが実情です。

〝不純物〟の効用

いま述べましたように、赤いルビーも青いサファイアも、その成分は白色磁器と同じ酸化アルミニウムという酸素とアルミニウムの化合物です。じつは、赤いルビーと青いサファイアと白色磁器は成分が同じなだけではなく、組成も基本的に同じなのです。

宝石であるルビー、サファイアと白色磁器との違いは、それら〝原料〟である元素のくっ付き方の違いにあるのですが、赤いルビーと青いサファイアの原料元素のくっ付き方は同じなのです。では、赤いルビーと青いサファイアの違いはどうして生まれるのでしょうか。

両者が、もし100パーセント純粋な酸化アルミニウムだとしますと、いずれも無色透明で、もちろん、ルビーとサファイアの区別はつきません。

ルビーとサファイアが美しい赤と青というまったく異なった色を呈するのは、その中に含まれる微量の〝不純物〟のはたらきのためなのです。つまり、微量の酸化クロムという物質が入り込みますと美しい赤色を発して〝ルビー〟になり、微量の酸化チタニウムと酸化鉄が入り込みますと美しい青色を発して〝サファイア〟になるのです。したがって、これらの〝不純物〟の量によって、ルビーの赤さ、サファイアの青さも微妙に違ってきます。

このように、主成分、原料元素のくっ付き方が同じでも、その中に微量に含まれる〝不純物〟の種類によって色が異なり、別名で呼ばれる宝石は、ルビーとサファイアのほかに水晶とアメジスト、エメラルドとアクアマリンなどがあります。

宝石の美しさの秘密の一つは、〝不純物〟という、あまり名誉でない名前で呼ばれる、微量に含まれる物質に隠されているのです。

また、〝現代の宝石〟半導体がエレクトロニクスの基盤材料であることはすでに述べましたが、じつは、この半導体が１００パーセント純粋、かつ完璧なものであったとしますと、まったく無能な死んだ物質になってしまうのです。つまり、純粋で完璧な半導体ではエレクトロニクスを支えることができないのです。

半導体がエレクトロニクスを支えられるのは、不可避的に生じている結晶の不完全性と、さらに活性化させるために、わざと入れられるヒ素などの〝不純物〟（〝添加物〟とも呼びます）のお蔭なのです。この〝不純物〟は料理に使われる調味料、隠し味のようなものです（しかし、ヒ素自体は猛毒ですので、絶対にカレーのような食物の中に入れてはいけません！）。

料理に使われる調味料は何でもよい、というわけにはいきません。目的とする味、辛味、甘味、酸味などに応じて調味料の種類と量が選ばれます。半導体結晶の中に入れられる〝不純物〟の場合にもまったく同じことがいえます。

宝石の美しさも、半導体の偉大なはたらきも〝不純物〟という異端者があってのことなのです。日本のような〝均質社会〟では、〝不純者〟はもとより〝異端者〟は嫌われがちですが、異質なものこそが色や味を添え、また思わぬ力を発揮させるものであることを忘れてはいけません。

確かに、〝不純物〟は、ある意味では欠点、欠陥です。しかし、世の中に完璧・無垢な人間は一人もいないのです。誰でも欠点や欠陥を持っています。宝石や半導体は、私たちに、誰もが持っている欠点や欠陥を活かすことの大切さ、それを前向きに考えることの大切さを教えてくれているように思われます。まさに「怪我の功名」「禍を転じて福となす」ということです。

みんなちがって、みんないい

明治時代に若くして亡くなってしまった金子みすゞさんという詩人がいます。私は、この人の詩が大好きなのですが、次の「私と小鳥と鈴と」も好きな詩の一つです。

私が両手をひろげても、
お空はちつとも飛べないが、
飛べる小鳥は私のやうに、
地面《ちべた》を速くは走れない。

私がからだをゆすつても、
きれいな音は出ないけど、

あの鳴る鈴は私のやうに、
たくさんな唄は知らないよ。

鈴と、小鳥と、それから私、
みんなちがつて、みんないい。

私は、その通りだと思います。「みんなちがって、みんないい」のですが、それ以前に「みんなちがう」のです。人間はみんな違うんだ、というところから出発することが大切です。

人間はみんな違い、それぞれにふさわしい人生があるのです。

自分が他人のそのような人生を認め、自分もそのような人生を歩むためには、「偏差値・知識偏重」から抜け出すことが必要だと思います。

なぜ、学校の「お勉強」は面白くないのか

いままで私は「人はなぜ勉強するのか」ということを、さまざま側面から述べてきたのですが、タテマエはどうであれ「学校でのお勉強」の主眼が「試験対応」「受験対応」になってしまっているのは事実だと思います。もちろん、そのような「試験対応」「受験対応」の「お勉強」に疑問を感じ、悩んでいる学校の先生も少なくないはずです。しかし、生徒の「評価」が試験の成績で行なわれ、その延長としての学校の「評価」がどれだけ有名校に合格させたかで行なわれがちな現実を考えますと、「お勉強」の主眼が試験対策になってしまうことは不可避にも思えます。

試験でよい点、よい成績を取ることが「なぜ勉強するのか」の「なぜ」に答えるものだとすれば、いま私が述べた「人はなぜ勉強するのか」は、残念ながら、その「なぜ」に直接答えられるものではないのです。めぐりめぐって、いつかは試験の成績に結び付くとは思いますが、いささか時間がかかりすぎて、目の前の試験には間に合いそうもありません。

誰でも、試験でよい点、よい成績を取るためには教科書に書かれていることを深く考えることなく、暗記することが一番であることを知っています。したがって、学習塾や予備校の先生ばかりでなく、学校の先生までも、教科書のどこを、どのように暗記すれば最も効率的かを教えることに「教育」の主眼を置くようになるのはやむを得ないでしょう。

「教科書に書かれていることを深く考えることなく、暗記すること」が面白いでしょうか。楽しいでしょうか。私は、面白くも楽しくもないと思うのです。私にとって「教科書に書かれていることを深く考えることなく、暗記すること」は仕方なく試験のためにやることでした。もちろん、その試験自体に大きな意味があるのであれば、仕方なくても「教科書に書かれていることを深く考えることなく、暗記すること」を必要と認めなければなりません。しかし、いま、学校時代を振り返ってみて、その試験自体に大きな意味があったとは思えないのです。

確かに、私自身の経験から、試験でよい点、よい成績を取ること自体が楽しく、面白いということがあるのも否定しませんが、それは本来の勉強の面白さとは本質的に別ものです。

何はともあれ、いままで学校では、「試験対応」「受験対応」を主眼とする「教科書に書かれていることを深く考えることなく、暗記する勉強」が行なわれてきたのです。

しかし、「はじめに」で述べましたように、「知識偏重型の学力では、グローバル時代は生き抜けない」ということで、文科省を中心に、２０２０年に向け、日本の教育、入学試験の内容を変えようとしています。具体的には「知識偏重から21世紀型学力へ」ということで、日本の「学力」の定義が変わろうとしており、「教科書に書かれていることを深く考えることなく、暗記すること」で得られるような「学力」は相手にされなくなるのです。

つまり、私がここで述べてきたような「なぜ勉強するのか」の「なぜ」が求められることであり、その「なぜ」に応える勉強は「教科書に書かれていることを深く考えることなく、暗記する」ようなものとはまったく異なり、それらは、次章以下、各科目について述べますように本質的に面白いはずなのです。

私は、これからの世の中がいままでの「つまらない勉強」を反省し「面白い勉強」を求め始めていることをとても喜んでいるのです。これは、私が喜んでいるばかりでなく、これから勉強をしなければならないみなさんにとっても、とても喜ばしいことなのです。

子どもの心に火をつける

アメリカの教育家であるウィリアム・ウォードの教師に関するすばらしい言葉があります。

平凡な教師は教える
よい教師は〜
優秀な教師は〜
最高の教師は〜

というのですが、よい教師、優秀な教師、そして最高の教師の「〜」を考えてください。

平凡な教師は教える、というのですが、教師が教えるのは当然ですね。しかし、ウォードは「教える」のは「平凡な教師」だというのです。

それでは、よい教師、優秀な教師、そして最高の教師は何をするのでしょうか。

平凡な教師は教える
よい教師は説明する
優秀な教師は例を示す
最高の教師は子どもの心に火をつける

のです。「最高の教師」について原語では "The great teacher inspires" と書かれています。この "inspires" というのは「鼓舞する、奮起させる、活気を与える、感激させる」というような意味で、私はこれを「子どもの心に火をつける」と訳しました。

もちろん、幼稚園、小学校から大学まで、それぞれの学校の教師がすべきことは同じではなく、それぞれに特徴と力点があると思いますが、ＩＴがこれだけ進んだ現代においては特に、教師が子ども、生徒、学生にすべき最も大切なことは、彼らの心に火をつけることだと思います。心に火をつけられれば、彼は自ら進んで勉強に励むはずです。もちろん、どんな教科であれ、その教科が好きで面白がっている教師でなければ子どもの心に火をつけるのは不可能です。

子どもにとって、最初の教師は学校の先生ではありません。

人生最初の教師は両親なのです。子どもの一生にとって、両親の責任は重大です。両親が、子どもの心に火をつけられるかどうかによって、子どもの人生が一変します。家庭の教育が基本なのです。

私は子どもを持つ親御さんに、是非、子どもの心に火をつけていただきたいのです。

私は、この本が、そのためのお役に立てることを確信しています。

第2章　国語編——日本語はすべての思考の基盤です

日本語を母国語とすることの幸せ

私は中学校で初めて英語を習った時から外国語に興味を持ち、いままでにラジオ、テレビ講座、大学での授業などを通じて英語を筆頭に10か国語ほどかじりました。これらの外国語のうち、辞書を使えば読める程度以上の力を持てたのは英語、ドイツ語、ロシア語の3か国語でしたが、1983年に永住のつもりでアメリカへ行った以降は英語しか使わなくなりましたので、現在、まともに使える外国語は英語だけになりました。言葉は使わないと力が急激に落ちてしまいます。

もう10年以上前になりますが、仏教大学大学院（通信制）に入って、サンスクリット、チベット、パーリー語を勉強した時、私は、改めて、世界には本当にさまざまな言葉、文字があるものだなあと感心しました。

確かに、世界にはさまざまな言語、文字があるのですが、私は『インディアナ、インディアナ』（レアード・ハント著、柴田元幸訳、原著は"Indiana, Indiana"）というきわめて詩的な小説の日本語訳書と英語原書とを読み比べて、「日本語というのはなんてすばらしい言語なんだろう」と痛感したのです。

私は、自然科学の分野、具体的には理工系書、論文や取扱い説明書などにおいては、「主語」がなくても、はっきりとした「目的語」がなくても成り立ってしまうような曖昧な日本語よりも、「主語」「述語」「目的語」が厳格で、「冠詞」が重要な意味を持つ英語の方が適していると思いますが、「詩的なニュアンス」を伝える文学作品や日常生活においても微妙な感情を表現する上では、日本語が圧倒的に優れているのではないかと思います。例えば、右に挙げた小説の英語原書と日本語訳書とを読み比べますと、もちろん卓越した翻訳に依《よ》るところ大なのですが、「ひらがな」「カタカナ」「漢字」が巧みに使い分けられる日本語の表現力と威力を痛感せざるを得ないのです。また、表音文字の羅列である英語に比べ、多くの漢字が表意文字であることも、文章を読んだ時の理解を速める効果があると思います。もちろん、英語を母国語とする人や英語を専門とする人には異論もあるでしょうが。

つまり、１種のアルファベットしか持たない西洋言語、漢字しか持たない中国語、ハングルしか持たない朝鮮語などと比べ、漢字、ひらがな、カタカナの３種の文字を持つ日本語の表現力は著しく増すのです。

確かに、国際的な場に出て行きますと「日本語が国際語だったらなあ」と埒《らち》もないことを考え、国際語である英語を母国語とする人たちを羨ましく思うこともありますが、私は、日本語のような感情表現に優れた言語を母国語とすることがとても幸せに思えるのです。

ですから、言葉は時代によって変わるものとはいえ、最近の「ミョーなカタカナ語混じりの日本語」、「意味がわからない略語」、奇妙なアクセントの「ライン」、「ドラマ」、「カレシ」などの3文字語や何にでも「チョー」をつけたり「ヤバイ」でしか表現できない「若者語」を聞くにつけ、さらに「幼児から英語教育を！」などという社会的風潮に触れるにつけ、私は余計に日本語を大切にしたいと思うのです。

私たち日本人にとって、日本語はすべての思考の基盤です。大切にし、日本語力を向上させなければいけません。

読書は頭を活性化する

いままでに人類が獲得した情報収集手段を歴史的に、またきわめて概略的に列挙しますと、直接観察・見聞→書籍→ラジオ（音声）→テレビ（音声と映像）→インターネット（マルチメディア）となります。これは、そのまま、情報収集の「効率」と「容易さ」の向上の順番です。

まず、書籍のお蔭で私たちは時間（時代）と空間（地域）を超えた情報を得ることができるようになりました。さらに、活字と印刷術の発明は情報を量ばかりでなく、時間的、空間的にも著しく拡大したのです。書籍、印刷術のお蔭で、私たちは古今東西のさまざまな文書、文献を読めるようになりました。いま私たちが世界の文学作品を読み、感動できるのも書籍、印刷術の賜物《たまもの》です。

日本で最初のラジオ放送が行なわれたのは１９２５年ですが、このラジオの音声によって情報収集の容易さが飛躍的に増しました。テレビが出現する以前、ラジオは一般大衆の娯楽の王者でもありました。ニュースのほかにラジオドラマや大相撲や野球中継を楽しんだ人は少なくないはずです。私も、その一人です。ラジオはいまも、自動車運転中などの多くの人に聴かれています。

テレビの出現は、「社会現象」としても画期的な出来事でした。

ＮＨＫ（日本放送協会）が日本で最初のテレビ放送を行なったのは１９５３年ですが、以来、「テレビ」は私たちの日常生活の中に深く入り込んであり、時おり「私はテレビを見ない」という人に出会いますが、そのような人は特殊な人で、「テレビは欠かせない」という人が圧倒的多数でしょう。私自身も映画やスポーツの生中継を大画面テレビで楽しむ時間は少なくありません。

テレビ（私は「視聴覚情報供給装置」と呼びます）は現代の「娯楽の王者」であるばかりでなく、人類の知識量を飛躍的に増大させました。24時間、必要以上と思われるありとあらゆる情報が画面に現われます。テレビがアナログ放送からデジタル放送に変わってからは、膨大な量の情報が双方向に飛び交うようになりました。

最近は、パソコンあるいはスマホを通じてインターネットを利用すれば、ありとあらゆるタイプの情報が瞬時に、きわめて容易に得られるようになっています。

しかし、人間の脳の活動と情報の意味化において、文字（書籍）、音声（ラジオ）、音声・映像（テレビ）メディアは根本的に異なります。

文字メディアの場合、まず文字を、そして読むことを学び、習得しなければなりません。また、文字というそれ自体は具体的な〝像〟を持たない記号の羅列である文、文章から場面や状況や内容を自分自身の頭の中で具体化しなければならないのです。自分自身による〝想像〟、〝組み立て〟の作業が必要なのです。そのためには〝心の眼〟が不可欠です。

音声メディアの場合にも同様の作業が必要です。

ところが、テレビのような映像メディアは、具体的な像を音声付きで与えてくれます。〝想像〟のような作業は一切不要なのです。したがって、その分、知識の増量は容易で迅速です。この〝想像〟の作業が必要であるか否かは、脳の活性化、智能の発達のことを考えれば、決定的な違いです。ＩＴの発達によって、人間は知識を飛躍的に増大させたのですが、それに比例させて智能を低下させせました。

昔の大学生の必読書の一つだった倉田百三の『出家とその弟子』に登場する親鸞が「知識が増えても心の眼は明るくならぬでな」といっています。サン＝テグジュペリの

『星の王子さま』に登場するキツネが「心で見なくちゃ、ものごとはよく見えないってことさ。かんじんなことは、目に見えないんだよ。」といっています。五感で見えないものを見るのに必要なのが〝心の眼〟です。

読書によって、私たちの脳は知らず知らずのうちに活性化され、〝心の眼〟が磨かれていくのです。

読解力が基本

言葉は意思疎通、交流、そして自分自身の思考のための基本的な道具ですが、そこには、「読む、書く、聴く、話す」の4つの能力が含まれます。

いま「きく」を「聞く」と書かずに「聴く」と書いたのですが、ここでこれらを区別しておきたいと思います。「聞く」と「聴く」の区別は次章で述べる英語の場合、とても重要になります。「聞く」は音や声が耳の鼓膜を振動させる物理的現象です。一方、「聴く」は〝聞こうと思って聞き、その意味を理解しようと注意を集中する〟という意味です。だから、「補聴器」は本来「補聞器」と呼ばれるべきなのです。

さて、日常生活を円滑に送るためには、これら「読・書・聴・話」の能力が必要なのですが、いまこの章で述べる「国語」においては、一番重要なのは「読」力で、次が「書」力です。私は「読めない人」が「書ける人」になれるとは思いませんので、国語力の基本はいうまでもなく読解力です。

読解力は読書以外の方法では身に付きません。

読解力を高めるために、日常的に読書の習慣を付けることが大切です。

何を読むのか。

まずは、「国語」に限らず、学校で習っている教科書をきちんと読むことです。そのことが読解力を高めるだけではなく、各教科の理解力を高めることにつながるのはいうまでもありません。

小学生の頃から教科書以外のさまざまな内容の本、雑誌、新聞、つまり文字を読む習慣を付けて欲しいのです。家庭、学校で、読書を習慣にして欲しいと思います。最もすばらしい読書は小説、特に世界の名作を読むことだろうと思います。日本、世界の「文学作品」、「古典」と呼ばれるものは是非、若いうちに読んでおきたいものです。おとなになってからは、読む時間がなかなか見つかりません。

近年、森林破壊、砂漠化、大気汚染、海洋汚染、有害化学物質の蓄積などなど、さまざまな〝環境問題〟が地球規模の問題になっています。結局のところ、すべての環境問題は、人間が地球上の物質とエネルギーを消費して文明を発達させ、物質的に豊かな生活を続けてきた結果の〝ツケ〟です。特に産業革命を経た19世紀以降の科学・技術の急激な発達の結果を〝文明砂漠〟と表現し、自然環境だけでなく、きわめて深刻な人間の内部の環境破壊が進行しているという警鐘を鳴らし続けていた『モモ』などの小説で知られるエンデは、ある本の中に「最近、常に環境破壊のことばかりが注目されているけれども、〝心の荒廃〟は環境の荒廃と同じように切迫していて、同じように危険なものである」と書いていました。エンデは〝心の荒廃〟に対抗するのに必要なのは「心の中に木を植えること」だといっています。

リンゴの花が満開の時期、私は安曇野の友人のリンゴ園を訪ねたことがあるのですが、可憐なリンゴの花を眺めながら、「木を植えるのはリンゴが欲しいからということだけではない。ただ美しいからという理由だけで植えることもある。何かの役に立つから、ということだけでなく、存在しているということが大切なのだ。」というエンデの言葉を思い浮かべました。

私は、〝心に木を植えること〟は、心の荒廃に対抗するばかりではなく、私たちの人生を豊かにするために根本的に必要なことのように思えます。心の中に木を植えることが、本当の勉強のようにも思えます。さまざまな、たくさんの木を植えれば、さまざまな、たくさんの実を期待することができます。

自然を素直な気持ちで眺めることや世界の古典を読むことやさまざまな芸術に触れることなども心の中に植えるべき大切な木です。

心の中のたくさんの木は、豊かな、充実した人生を送るための力、つまり〝人生力〟の源です。私は、これから日本を背負う若い人たちに、たくさんの本を読んで、心の中にたくさんの木を植えていただきたいと思うのです。

そのような木を植えていくことが、読解力、国語力、ひいては人間力を高めていく過程でもあるのです。

辞書を使う・辞書を読む

当然のことながら、本や新聞を読んでいれば、読めない漢字や意味がわからない言葉に遭遇します。そのような場合、世話になるのが辞書です。読めない漢字や意味がわからない言葉をそのままにして読み進めるのではなく、こまめに辞書で調べる習慣を付けることが大切です。そのような習慣の有無が、後々、国語力の膨大な差を生んでしまいます。

読めない漢字は「漢和辞典」で調べるわけですが、まず漢和辞典の使い方を知らなければなりません。漢和辞典を使っているうちに漢字の構造（部首《ぶしゅ》、旁《つくり》、偏《へん》）の知識が身に付き、初めて出合った漢字に対しても、意味の予想ができるようになります。漢字は、欧米語のアルファベット、日本語のひらがな、カタカナのような表音文字ではなく表意文字だからです。漢字が持つ機能の最もすばらしい点です。ひらがなやカタカナを羅列した文章を読んでも、すぐには意味を理解することができませんが、漢字交じりの文章であれば、意味が直接目に飛び込んできます。ひらがなだけで書かれた文章と漢字交じりの文章を読み比べれば明らかですが、漢字交じりの文章は圧倒的に速く読めます。私は、本を読むたびに、漢字のすばらしさを痛感しているのです。

小学校の頃、漢字書き取り練習を何度もさせられて、読み書きできる漢字の数を増やしていった記憶がありますが、このような練習を漫然とするのではなく、漢字の構造を知ってから、部首ごとに憶えていくのが効率的です。

寿司屋さんへ行くと「魚偏」の漢字がずらりと書かれている茶碗がありますが、あれは眺めているだけでも楽しいですね。鮎《あゆ》、鮒《ふな》、鮑《あわび》、鮪《まぐろ》、鮭《さけ》、鮫《さめ》、鯉《こい》、鯰《なまず》、鰆《さわら》、鱧《はも》、鰻《うなぎ》、鯨《くじら》……。どれだけ読めるでしょうか。鯨は魚ではありませんが。

最近は、自分の手で文章を書く機会が激減し、ほとんど、ひらがな→漢字変換を自動的にしてくれるパソコン・ワープロを使って文章を書くようになりましたので、〝昔〟と比べれば、「漢字を書く」必要性も激減しましたが、読む上では、やはり漢字力は必須です。少なくとも、2000ほどの常用漢字を早めに読めるようにしておくことが、読解力向上にも必要でしょう。

わからない言葉の意味を調べるのが国語辞典です。

私は普段、2つの国語辞典を常用しています。

ただ単に言葉の意味を知るだけであれば、1つの辞書で十分なのですが、同じ言葉に対して、国語辞典によっては説明がかなり違うことがあり、それを読み比べるのは結構楽しいことなのです。

日本を代表する国語辞典といわれている『広辞苑〈第六版〉』(岩波書店)と独特の説明で知られる『新明解国語辞典〈第六版〉』(三省堂)でいくつかの例を示してみましょう。いま、わざわざ〈第六版〉と書いたのは、同じ辞書でも「時代」を反映する〈版〉によって、説明が微妙に違うからです。

誰でも〝幸福な人生〟を求めています。私は〝幸福な人生〟に〝豊かさ〟は必要不可欠であろうと思います。

私は私なりの〝豊かさ〟観を持っていますが、一般的な〝豊かさ〟とは何なのでしょうか。

『広辞苑』で【豊か】を確認してみましょう。

そこには「①物が豊富で、心の満ち足りているさま。②財産がたくさんあるさま。経済的に不足のないさま。富裕。③物が内部に充ち、ふくらみの出ているさま。④他の語に付き、それに十分達しているさま。」（傍点筆者）と説明されているではありませんか。私は、これを見て「えっ」と愕然としました。私が思っていた〝豊か〟と日本を代表する国語辞典が説明する〝豊か〟があまりにも乖離《かいり》していることに、日本語を母国語とする私は愕然としたのです。国民的日本語辞典が定義する〝豊かさ〟は、まさに、一元化した「物質的豊かさ」「経済的豊かさ」だけなのです。「金《かね》本位主義」「拝金主義」の日本を代表する国語辞典にふさわしい説明ではあるのですが、私は、私の日本語力が心配になり、すがるような気持ちで、『新明解国語辞典』にあたってみました。よかった。安心しました。「①必要なものが十分満たされた上に、まだゆとりが見られる様子だ。〈狭義では、経済的な、それを指す。〉②いかにもおおらかで、せせこましさを感じさせない様子だ。③その要素が、隠すべくも無くあたりに漂っている様子だ。」（傍点筆者）と、私が思っていた「豊かさ」がきちんと説明されているではありませんか。この中の「必要なもの」というのが重要です。何が「必要なもの」であるかは、人それぞれです。もちろん、『広辞苑』が記すように、また、『新明解国語辞典』が〈狭義〉でいうように、それが「物」であっても「財産」であっても「経済的なもの」であっても構いません。しかし、人間にとって、〝幸福な人生〟にとって、「必要なもの」は「物質的なもの」だけではありますまい。もちろん、必要最低限の経済的基盤がないことには話にならないのですが、いささかキザったらしいことをいわせていただければ、私の〝幸福な人生〟にとって、「必要なもの」は自由な時間、知的好奇心を刺激し合える友人、などなどです。さまざまな「愛」も必要ですね。フランスの文豪・ユーゴーは「人生最上の幸福は、愛されているという確信にある」とさえいっています。

いずれにせよ、自分に「必要なもの」が十分に満たされていれば、「ゆとり」も「おおらかさ」も生まれるでしょう。『新明解国語辞典』は、そのことをきちんと説明してくれています。

それにしても、日本を代表する国語辞典が〝豊かさ〟について「物質的豊かさ」「経済的豊かさ」しか説明していないというのは、いささか情けないことだと思います。しかし、それは、現代の「金本位主義」「拝金主義」「物質主義」の日本の社会を反映したものなのでしょう。確かに、「必要なもの＝金、物」という人間が圧倒的に多いことも事実でありましょうから、『広辞苑』の説明は的を射た正しいものなのかも知れません。いまここで、私は「さすが『広辞苑』は日本を代表する国語辞典だ」と感心する次第です。

もう一つ【恋愛】について、両辞書を比較してみましょう。

まず、『広辞苑』では「(loveの訳語) 男女が互いに相手をこいしたうこと。また、その感情。」と説明しています。一方の『新明解国語辞典』では「特定の異性に対して他の全てを犠牲にしても悔い無いと思い込むような愛情をいだき、常に相手のことを思っては、二人だけでいたい、二人だけの世界を分かち合いたいと願い、それがかなえられたと言っては喜び、ちょっとでも疑念が生じれば不安になるといった状態に身を置くこと。」と説明されています。どちらの辞書の説明がすばらしいか、いうまでもないでしょう。

国語辞典とはいえ、これだけの違いがあるのです。

複数の国語辞典を楽しみながら読み比べることは、間違いなく、国語力向上につながります。

読書はこの上なく贅沢な時間

両親が〝もの書き〟だったこともあり、生まれた時から、私の周囲にはたくさんの本がありました。昔の本は、すべての漢字にルビ（振りがな）が付く〝総ルビ〟でしたから、ひらがなさえ読めれば、意味はわからなくても、どんな本でも「読む」ことだけはできましたので、私は小さい頃からいろいろな本をたくさん「読んで」きました。私は、本そのものも好きです。

本との付き合いはもう60年以上になるのですが、私は、いまも好きな本を読んだり、時には好きな本を書いたりして暮らしています。これはとても幸せなことです。

もちろん、普通、本の作者に会えることは難しく、作者が故人であれば不可能なわけですが、よく考えてみますと、「読書」というのは、好きな作者と好きな時に、好きな場所で、「二人っきり」で会えて、「話を聴ける」ということなのです。これは何と贅沢なことでしょうか。私には、この上ない贅沢な時間に思えます。古今東西どのような作者であれ、それは、自分がその気にさえなれば、いつでも簡単に味わうことができるのですから、読書をしないのは本当にもったいないことだと思います。

学校の「国語」では「現代国語」のほかに「古文」も習うのですが、『徒然草』、『枕草子』、『方丈記』などは長い間、日本人に読み継がれてきたものです。私自身の経験かららいえば、学校で習った時はよく理解できなかったのですが（いま思えば当然のことでした）、〝おとな〟になってから、具体的には50歳を過ぎた頃からとても面白く、感心しながら読めるようになりました。子どもたち、若い人たちには〝おとな〟になってからの楽しみにしておいて欲しいと思います。

読書の効用については、すでに述べた通りですが、読書は、その気にさえなれば、誰にでも手軽に味わえる、この上ない贅沢な時間でもあるのです。本は、学校や町の図書館にたくさんあります。

ＩＴ時代、大きく変わりつつあるのが「読書スタイル」です。紙に印刷された従来の書籍（「紙書籍」）から「電子書籍」への移行で、現在、電子書籍の点数も売り上げも急加速しているようです。私の著書の数は知れたものですが、それでもすでに5点ほど電子書籍化されています。

最近、出版社の人に会うたびに「日本人の活字離れ」という話を聞きます。

確かに、私自身、電車に乗った時、新聞、雑誌、本を読んでいる人が激減し、スマホに興じる子どもとおとなが激増していることを目の当りにしますと「活字離れ」を実感しないでもありません。

しかし、日本人の「活字離れ」は本当でしょうか。

スマホやインターネットから離れ難くなっている人が急増していることを考え、〝絵文字〟も「活字」に含め、また、読書の「書」のジャンルを問わなければ、日本人の活字離れ、読書離れが進んでいることはないと思うのです。

要するに、ITの発達によって、従来の紙に「活字」が印刷された本を読むという「読書」のスタイルと内容が急激に変わりつつある、ということです。紙書籍が電子書籍に変わりつつあるということです。最先端のスマホの出現によって、年齢や性別、職業等を越えて活字離れ、読書離れどころか活字近づき、読書近づきが進む可能性も大きいのです。

先日、友人が愛用している「電子ブックリーダー」を見せてもらいました。私は、長期の旅行の時には本を何冊もバッグに詰め込み、重い思いをして持ち運びますが、新書版より少し大きめで、厚さが1センチに満たない電子ブックリーダーには本が何百冊でも入るというのです。また、私は、最近、文庫本の文字の小ささに辟易するようになりましたが、電子ブックリーダーでは、指をちょっと動かすだけで、文字の大きさはいかようにも変えられます。とにかく、電子ブックリーダーの威力には驚かされました。

確かに、電子書籍が利便性、価格、所蔵スペースなどの点で従来の紙書籍に勝ることは否めないのですが、これぞという箇所に黄色線を引いたり、書き込みをしたり、付箋を付けたりしながら本を読む私のような「紙書籍派」にとっては、とても手にしたくなるようなモノではないと思っていたのです。しかし、なんと、それらはすべて電子ブックリーダーでもできるのです。実際に、電子ブックリーダー上での「線引き」、「書き込み」、「付箋つけ」を見せてもらい、私は驚きました。

私は温泉や風呂に浸かりながら本を読みたいこともありますので、防水の電子ブックリーダーがあれば、是非買いたいと思いますが、やはり、私の感性は「紙」の本にこだわります。

もちろん、たとえ、電子書籍でも、まともな本（作品）を読む機会が増えれば、それは喜ばしいことです。

電子書籍でも「紙」の本でも、読書というのは、好きな作者と好きな時に、好きな場所で、「二人っきり」で会えて、「話を聴ける」という、この上ない贅沢な時間なのです。読書をしないのはとてももったいないことです。

求められるコミュニケーション能力

最近、レストランなどで、明らかに〝彼〟と〝彼女〟、あるいは若い両親と子どものグループが注文した料理が出てくるまでの間、ほとんど会話がなされず、それぞれがケイタイ、スマホに興じているのをしばしば見掛けます。彼らがメールをしているのか、ゲームで遊んでいるのかわかりませんが（多分、子どもはゲームで遊んでいるのでしょう）、私にはとても奇異に思える光景です。とにかく、ＩＴ世代人の間には、面と向かっての対話がないのです。「コミュニケーション」（私がわざわざ「　」を付ける理由は後述します）といえば、指先を使ったケイタイ、スマホを通したもののみで、実際の声と表情を使うのは苦手、という若者たちが多いのです。つまり、彼らの主たる「コミュニケーション」はパソコンあるいはケイタイ、スマホの画面上の絵文字を含む文字を通してのみです。彼らは実際に笑うこともなく〈笑〉で済ませます。

ＩＴ人間は他人との「コミュニケーション」をメールに頼りますから、徐々に面と向かっての「コミュニケーション」が苦手となり、したがってそれを避けるようになります。この結果、どうしても自己中心（ジコチュー）的傾向が強まります。

パソコンあるいはケイタイ、スマホの画面上の言葉を通してのみの「コミュニケーション」には不可避的な危険性が潜んでいます。

例えば、〝彼〟が〝彼女〟に「オレはオマエが嫌いだ」というメールを送ったとすれば、それを受け取った〝彼女〟は、その文面から「彼は私が嫌いなんだ」と理解します。当然です。そのように書かれているのですから。

ところが、実際に対面して「オレはオマエが嫌いだ」といった場合はどうでしょうか。その場合には、言葉そのもののほかに、言葉のニュアンス、〝彼〟の顔の表情、手や身体のジェスチャーなどが加わります。それらすべてを通して、〝彼〟は言葉では「嫌いだ」といっていても、本当は好きなんだ、ということがわかることもあるわけです。いずれにせよ、「コミュニケーション」の中で「言葉」が占める役割は決して小さくないのですが、それだけに、いま述べたような危険性もあるということです。そのことがわかっていればよいのですが、「コミュニケーション」をもっぱらＩＴに頼る人たちには理解が困難です。そこが問題なのです。彼らは〝問題〟を一方向にどんどん深くしてしまうでしょう。

まともな言葉自体にも言葉の「限界」があるのに、「アケオメ、コトヨロ」のように何でも縮めてしまう「若者言葉」となると、問題はさらに深刻です。

やはり、人と人との〝コミュニケーション〟は〝対面〟、〝対話〟が原則です。

さて、私が「コミュニケーション」に「　」を付けた理由です。

そもそも〝コミュニケーション〟とは何でしょうか。

ほとんどの国語辞典では「言葉による意志・思想などの伝達」と説明されています。

〝伝達〟は「他に伝えること」です。つまり、〝コミュニケーション〟は「自分から他へ」の一方通行のように思われてしまいます。しかし、〝コミュニケーション〟の元の〝communication〟の本当の意味は「自分から他へ」と「他から自分へ」の双方向の「意志・思想などの交換」です。つまり、本当のコミュニケーションには〝送信力（伝達力）〟と同時に〝受信力〟が必要なのです。もちろん、「自分から他へ」発信、伝達すべき〝意志・思想など〟は基本的に自分自身のものでなければ意味がないでしょう。

ＩＴ時代、〝発信者〟は腐るほどいます。〝発信されるもの〟も腐るほどあります。その〝発信されるもの〟は日夜洪水のごとく押し寄せてきますし、それをパソコンの中にストア（貯蔵）することは、マウスの操作と指一本のポチで簡単にできます。しかし、〝何でもネット〟人間が確かな受信力を身に付けることはできません。確かな受信力を身に付けるためには、情報の収集に苦労し、得た情報から真に必要な、あるいは重要な情報を選択するための訓練と努力が不可欠だからです。

真のコミュニケーション能力の基盤は、まともな日本語をきちんと理解し、まともな日本語で、自分の考えをきちんと書け、話せる能力です。

ＩＴが進めば進むほど、社会に求められるのは、真のコミュニケーション能力であり、その基盤が国語力であることはいうまでもありません。

第3章 英語編——異文化に触れ、理解する楽しさ

何のために英語を勉強するのか

普通、日本人は誰でも中学校で3年間、英語を義務教育として学習します。現在は、小学校の5、6年生でも「外国語活動」として英語が教えられています。2016年8月に中央教育審議会（中教審）が公表した2020年度から始まる新学習指導要領によれば、「外国語活動」が「外国語科」という教科に格上げされ、義務教育に組み入れられます。さらに、従来の「外国語活動」が3、4年生に前倒しされます。つまり、英語学習は日本人の「義務」とされているわけです。現在、90％以上の日本人は高校に進学しますので、ほとんどの日本人は、さらに3年間、英語を必修として学習することになります。大学に進学する日本人（現在は同世代の45％以上と考えられます）の多くは、さらに少なくとも2年間、英語を学習することになります。つまり、日本人の多くが、学校で英語を少なくとも6～8年間、2020年度からは小学校の4年間が加わり、少なくとも10～12年間学習することになるのです。

また、「英語関係の本は、必ず、ある程度は売れる」という出版社に勤める友人の話を聞いたり、それを裏づけるように書店の棚にぎっしりと並ぶ〝英語関係の本〟を見たり、ほとんど連日ともいえる〝英語学習教材〟の新聞広告やテレビ・コマーシャルを見たりすれば、さらに巷《ちまた》に溢《あふ》れる英会話学校の数を知れば、私は日本人の英語に対する関心の高さと熱意の大きさを実感せずにはいられません。

いずれにしても、総じて、日本人が、学校でも、学校を卒業してからも、英語に捧げる時間、労力そして経費は相当なものではないでしょうか。

日本人は、なぜ、それほど英語を勉強する（したがる？）のでしょうか。

もちろん「英語ができる」ようになりたいと思うからでしょう。

それでは、なぜ「英語ができる」ようになりたいのでしょうか。

巷では、「いまや何ごともグローバル化の時代、日本人も国際共通語である英語ができなくては困る」というようなことが、まことしやかにいわれることが多いのです。食料自給率が40％に満たないことに如実に現われているように、何かと外国に頼らなければならない日本の国情を考えれば、日本は「国際的」にならざるを得ず、そのためにも、「日本人は国際共通語である英語が使えなくては困る」また「国際交流」のためにも

「英語ができる必要がある」というのです。まことに、もっともに思える話です。文科省の「小学校における英語教育の現状と課題」という文書の中にも「英語は、国際的共通語として最も中心的な役割を果たしており、コミュニケーションのツールとなっている。世界では英語を母語、公用語、準公用語とする人々が多い。21世紀を生き抜くためには、国際的共通語としての英語のコミュニケーション能力を身に付けることが不可欠である。」（傍点筆者）と書かれています。

つまり、日本人が英語を勉強しなければならないのは、国際化が進む21世紀を生き抜くためのようです。そして、小学校から英語教育を始めるのは「グローバル化の時代、国際理解を深めるために、英語能力を幼時から高めなければならない」からだといわれます。

英語は本当に必要か

私はアメリカで10年半生活しました。この10年半のうちの3年半はアメリカ企業の研究所で研究員・研究管理者として、７年は州立大学の教授として研究と教育に従事しました。この間、家庭での日常会話や日本人同士の会話は別として、すべて英語を使って生活し、仕事をしてきたわけです。いうまでもないことですが、アメリカで日本からの客人としてではなくアメリカ社会の一員として生活する者にとって、英語はまさに必要最低限の道具です。永住権は持っていたもののアメリカ国籍を持たなかった私は、アメリカでは「外国人」でしたが、英語は私にとって「第二言語」ではあっても「外国語」であることは許されませんでした。

　しかし、日本で暮らす一般の日本人にとって、本当に英語能力が必要なのでしょうか。日本人は「英語ができない」と本当に困るのでしょうか。

　文科省をはじめ、英語教育に一所懸命になっている人たちにはとても申し上げにくいのですが、私はそうは思わないのです。

　母国語である日本語さえまともにできれば（最近は、まともにできなくても？）、日常的に英語を道具として使って仕事をしている人は別として、一般的な日本人が一般的な社会生活を送る上で、英語ができる必要はまったくないでしょう。少なくとも、私自身の日本における〝一般的な社会生活〟において、英語ができる必要は皆無です。また、私は、私の周囲にいる〝英語ができない日本人〟が一般的な社会生活を送る上で困っている姿を見たことがないのです。彼ら〝英語ができない日本人〟は、私から見ても、十分に立派な社会生活を送っています。みなさんの周囲に英語ができなくて本当に困っている人はいますか。

結論として、私は文科省がいうように「21世紀を生き抜くためには、国際的共通語としての英語のコミュニケーション能力を身に付けることが不可欠」とは決して思わないのです。

ではなぜ、日本人が英語に大いなる関心を持つのか、その理由はさまざまでしょう。例えば、外国人と話（英会話？）がしたい、海外旅行に役立てたい、英語が使えるとカッコイイ、などなど。もちろん、私には、そのような〝動機〟にいちゃもんを付けようという気持ちはありません。以下に述べますように、どのような動機であれ、外国語を学習することには大きな意義があります。

私がここで強調しておきたいことは、繰り返しになりますが、文科省がいうように

「21世紀を生き抜くためには、国際的共通語としての英語のコミュニケーション能力を身に付けることが不可欠」ということは決してないだろうということなのです。さらに、私は「本当に必要ではないモノ、それがなくても困らないモノは身に付きにくい」ということを加えたいと思います。

本章の冒頭で述べましたように、現代の日本人の多くが長年、英語を勉強した、あるいはしているにもかかわらず、英語がほとんど「できない」というのが私の率直な感想ですが、その「できない」主たる理由が、「一般的日本人にとって、英語は必要不可欠なものではない」ということなのです。

実用的英語力を身に付けるためにどれだけの努力が必要か

新聞に英会話や英語の学習教材の一面広告がしばしば登場します。それらの広告には「テキストも辞書もいらない。1日30分、ただ聞き流すだけ！」「文法無用。ラクラク聞き流し。英会話をこんなにやさしく」「聞くだけで英語が口をついて出てくるなんて画期的！」というような宣伝文句の大きな活字が躍っています。要するに、英語のCDを聞き（聴きにあらず）流すだけで、「英会話」や「英語」ができるようになるらしいのです。ここでいう「英会話」や「英語」がどのようなものであるか、私にはわからないのですが。

その「宣伝文句」の〝根拠〟は「幼児が言葉を覚えるのに教科書や辞書を使わない。幼児は、周囲の言葉を聞いているだけである」ということのようです。

確かに、私たちが母国語を習得する過程は「聞→聴→話→読→書」です。しかし、これはあくまでも母国語の場合の話です。しかも、一つの言葉が一応使えるというレベルに達するまでに平均して５０００時間ほど聞（聴）く必要があるという統計もあります。

日本の子どもが日本語でコミュニケーションできるようになり始めるのは何歳くらいからか考えてみてください。早い子で２歳くらい、普通で３歳くらいからでしょう。例えば、日本語を１日に平均して５時間聞（聴）くとすれば、上記の５０００時間に達するためには約２・７年が必要ということになり、子どもが日本語でコミュニケーションを始めるのは２～３歳ということとつじつまが合います。

英語教材の宣伝文句のように「1日30分聞き流す」とすれば、５０００時間〝聞き流す〟ためには１０００日、つまり約27年を要することになります。

じつは、子どもは2～3年間、ただ日本語を聞き流しているわけではありません。周囲の事物を観察し、周囲の人物（特に母親）から日本語の使い方を、文字通り、手取り足取り教わるのです。このような実践を通して、母国語である日本語を身体で習得していくのです。そのように、まことに充実した、実践的な習得法ですら、コミュニケーションができるようになるまでに2～3年を要するということです。しかも、そのコミュニケーションの内容は、日常生活のために必要最低限のものであり、とても〝仕事〟に使えるほどのものではないのです。

結論として、私自身の経験からも、常識的にも、残念ながら、よほどの語学の天才でない限り、「1日30分、ただ聞き流すだけ」で実用的な英語力を習得できるようなことは断じてあり得ないのです。

本章の冒頭で述べましたように、２０２０年度から始まる新学習指導要領によれば、「英語教育が大幅に充実」され、小学5、6年生で年間70コマ（1コマは40分）、小学3、

４年生で年間35コマの英語の授業が行なわれるようです。この英語の授業の内容がどのようなものであり、誰が教えるのか、というような本質的なことはさておき、１年間で約46時間（小学５、６年生）、約23時間（小学３、４年生）ほどの英語の授業が「21世紀を生き抜くために必要な英語のコミュニケーション能力を身に付ける」ことに寄与するとは、私には逆立ちしても思えません。

もちろん、国際交流言語である英語ができれば「国際理解」の〝助け〟にはなるかもしれません。しかし、英語に限らずすべての言語はコミュニケーションのための「道具」であることを忘れてはいけません。例えば、大工道具だけ揃えても家が建たないように、英語という道具（よしんば、それが立派なものであったとしても）だけ持てば国際的なコミュニケーションができると思ったら大間違いなのです。

口で「国際理解」というのは簡単ですが、実際は決して生易しいものではありません。多種多様な文化や歴史を持った民族が集まり、〝人種の坩堝《るつぼ》〟といわれるアメリカで10年余生活した私はそのことを実感しました。

アメリカの州立大学で教授をしていた頃、私は各国からの留学生が集まった「インターナショナル・フェスティバル」で、自分の母国のことを何も話せない日本人留学生の惨憺《さんたん》たるありさまを何度も見ています。それは決して「英語力」の問題だけではないのです。彼らは日本のことを何も知らないのでした。

いずれにせよ、「国際理解」というならば、「英語」以前に、現在の日本人がやらなければならないことは山ほどあります。まず、母国たる日本の歴史や文化を学ぶことであり、「英語」以前に母国語である日本語能力をしっかりと身に付けることです。繰り返しますが、言葉はコミュニケーションのための道具ですので、それを使う当人の〝中味〟が空っぽではどうにもならないのです。

道具としての英語力は、どうしてもという必要性に迫られれば身に付けられることを、私は私自身の経験からも、国際会議で立派に活躍している日本人研究者をたくさん見ていても確信します。私もそうですが、私が知る限り彼らも幼時から英語を学んでいるわけではありません。国際舞台で仕事をする必要上、あるいは研究者として国際舞台に出て行く必要性に迫られ、強烈な努力をして、実践的、実用的英語力を身に付けたのです。

英語をアメリカでの生活、仕事のための必須の道具として使わなければならない以上、私は「その機能を高めよう」「自分の英語をいかにnative Englishに近づけるか」といろいろ考え、実践的努力を続けたのです。実践的コミュニケーションの道具として使えるレベルの英語力を身に付けるのは容易なことではないのです。すべての言語が文化の一部であることを考えれば、日本で生まれ育った私の英語をnative Englishに近づけるのは不可能にも近いのです。私のように10年余アメリカで仕事をし、社会生活を送った者でさえそうであるとすれば、日本で生活している人たちにとってはなおさらでしょう。

外国人との実践的コミュニケーションのことを考えれば、英語は単にペラペラしゃべれればいいというようなものではないのです。国際舞台で活躍するために求められるのは、道具である英語以前に、その分野の実力であり、人間としての中味でもあります。後述しますように、日本と外国の文化の違い、日本人と外国人の考え方の違いも理解しなければなりません。

実際に国際的コミュニケーションの場で使える英語力は、決して学校の〝授業〟で身に付けられるようなものではないのです。

英語勉強の大切な目的

誤解のないように申し上げたいのですが、私は「学校で英語（外国語）など勉強する必要がない」といっているのではありません。「21世紀を生き抜くための国際的共通語としての英語のコミュニケーション能力を身に付ける」ということを目的（目標？）にしても、そのようなことは無理ですし、その結果はむなしいといっているのです。

小学校から英語（外国語）つまり〝外国の文化〟の一部に触れることには大きな意味があります。学校での英語教育の目的、目標をそこにおいて欲しいと思いますし、学校で英語教育に携わる先生方にもそのことを念頭において、子どもたちに英語を勉強することの意義と面白さを伝えていただきたいのです。

世界の国々はそれぞれがそれぞれの異質性を持っているのですが、世界の多くの国、特に欧米諸国と比べて、日本がきわめて特殊な国であることは確かでしょう。私の直接的な経験からいっても、アメリカあるいはアメリカ人の目から見れば、日本あるいは日本人は明らかに異質です。アメリカから日本を眺めてみますと、日本にいると気づきにくいさまざまな〝日本の異質性〟を見出すことが確かに多いのです。また同時に、日本にいるとわからない日本のよさを発見することが少なくないのも事実です。日本とアメリカの互いの異質性の背景は国の歴史、国を形成する民族、風土などに起因する日本とアメリカの文化、文明、現代社会、それぞれの国民の価値観から説明できるのですが、ここではそれらについては割愛します。興味のある読者は拙著『体験的・日米摩擦の文化論』（丸善ライブラリー）を読んでください。

例えば、日本人が手招きで人を呼ぶ時、掌《てのひら》を相手の方に向け、上に向けた指を自分の方に折って「こっちへおいで」と動かします。しかし、この動作は、欧米人に対しては「あっちへいけ」を意味してしまうのです。当然のことながら、日本式の「こっちへおいで」の動作を繰り返す時、指の列が外側、つまり相手側に動くことも繰り返されることになり、欧米人に対しては、この指の動きが「あっちへいけ」を意味してしまうのです。したがって、日本人が「こっちへきてください」という意味で手を動かしても、その動作を見た欧米人は「あっちへいけ」といわれていると思います。これは大変な誤解であり、取り返しのつかない結果を生むことになるかもしれません。もし、日本人が日本式の「こっちへおいで」の動作をしながら“Come here.”と呼びかけたとすれば（私はそのような場面に何度も遭遇したことがあります）、呼びかけられた欧米人は一瞬戸惑ってしまうのです。欧米人を手招きで「こっちへおいで」と呼ぶ場合には、指を上にして手の甲を相手に向け、その指の列を自分に向けて動かさなければなりません。

したがって、日本式の「こっちへおいで」の手の形をした〝招き猫〟は日本人にとっては幸運や富を招いてくれるありがたい猫であっても、欧米人にとってはそれらに対して「あっちへいけ！」という困りものの猫になってしまいます。欧米人にとっての〝招き猫〟にはきちんと欧米式の「こっちへおいで」の手の形をしてもらわなければなりません。

また、日本語に「転石、苔を生ぜず」という言葉があります。英語にも“A rolling stone gathers no moss.”というまったく同じ表現があります（というより、もともと、この言葉は英語から日本語に入ったようです）。もちろん、日本語でも英語でも、この言葉には二面性があり、〝苔（moss）〟をどう考えるかによって、〝転石〟は良い石にも悪い石にもなります。

日本では、京都の苔寺（西芳寺）の庭園が特別名勝にもなっているように、苔は長年かかって得られる貴重な物ですから「ころころ転がっているようでは、いつまでたっても地位も財産も身に付かない。〝石の上にも三年〟の気持ちが大切だ」と教えます。これは、〝農耕民族〟日本人にとっては自然な感情です。つまり、〝苔〟が貴重な日本の社会では〝転石〟は悪い、好ましくない石なのです。

アメリカ社会でも植民地開拓時代には、日本と同じ理由によって〝転石〟は好ましくない石だったに違いありません。しかし、現代アメリカ社会では一般に、〝苔〟は淀んだ所に生じる汚泥《おでい》のような物や〝慣れ合い〟と考えられる風潮が強く、「忙しく活動していないとだめだ。常に時期を失せぬように転回せよ」あるいは「一か所にじっとしていると、とかく慣れ合いになってロクなことはないから、適当な時期になったら移動せよ」と教えるのです。これは、〝狩猟民族〟アメリカ人にとっては自然な感情です。つまり、現代アメリカ社会では〝転石〟は能力のある、またクリーンな好ましい石です。

私は大学を卒業して以来、3度転職しています。それどころか、日本からアメリカへ、そしてアメリカから日本へという大転がりをしてしまいました。日本の社会では、私のような石は悪い石です。

ところが、アメリカ社会では３度くらいの転がりでは〝良い石〟の仲間に入れてもらえそうもないのです。実際、アメリカ社会で〝能力がある〟といわれている人たちは平均すると一生のうちで４、５回転職するようです。〝苔〟が付かないように転がって行くのです。私のそばにも、そのような〝転石〟アメリカ人がたくさんいました。

いまここでは、〝転石〟が良い石なのか悪い石なのかについては問わないことにします。〝転石〟には良い面も悪い面もあるのは明らかです。ここで強調したいことは、日本社会とアメリカ社会では〝転石〟に対する見方が反対に近い、という文化の違いです。

例えば、アメリカ人が得意になって、自分の〝転石〟ぶりを日本人にいえば、それを聞いた日本人は「なんて腰の軽いやつなんだろう。こんなやつは信用できない」という反応を示すのではないか。逆に、もし日本人が、自慢げに、自分がいかに長年同じ所にじっとしている石であるかをアメリカ人にいったとすれば、それを聞いたアメリカ人は「こいつは能力がない人間だな。こんなやつを相手にしても仕方がない」という反応を示すのではないか、ということです。

いま述べましたのは、たわいもないと思われるような誤解の例かもしれませんが、ちょっと日本から外へ出て行けば、日本人の常識が外国人には通用しないばかりか、思いもよらない誤解を生み、それが取り返しのつかない結果をもたらすことが決して少なくないのです。また逆に、外国人の常識が日本人には理解できないことが少なくなく、同様の誤解と結果を生むことが少なくないのです。

本当の国際化というのは、異なった歴史、文化、風俗、習慣を持った国々、国民間の双方向の相互作用から成り立つものです。したがって、国際人の第一の条件は、多様な価値観とそれらを持つ「他人」が存在することを認め、それらの人々と対等に付き合うのに十分な資質を持つことでしょう。そのためにはまず、日本人の価値観とは異なる多様な価値観を理解しなければなりません。何度も同じことを繰り返すようですが、ペラペラ英語が話せれば国際人になれるというものではないのです。

国際人の育成のために、日本がやらねばならないことは、長期的には、評価の多元化を実現する教育の改革となるのでしょう。現在の画一的大学入試至上主義の教育システムからの一日も早い脱却が必要です。とりわけ、幼年期、低学年での自由な発想を求めるような教育、多様なものの考え方を生む教育が重要な意味を持つと思われます。小学校での「外国語（英語）教育」をこのような教育の一環としてとらえることが重要なのです。そのような教育を施せるような教育者の育成も、それ以前に重要であることはいうまでもありません。

異文化に触れ合う楽しみと異文化を理解することの重要性

私はいままで、いろいろな国の人とさまざまな立場での付き合いをしてきましたが、日本人ほど英語の勉強に熱心な国民は珍しいと思います。また、私は、日本人ほど外国語が苦手な国民も珍しいと思っていました。

しかし、在米中、多くのアメリカ人と付き合っているうちに、日本人に輪をかけて外国語が苦手な国民がいることに気づいたのです。それは誰だと思いますか。

私の周囲に数えきれないほどいたアメリカ人です。

じつは〝アメリカ人〟という人種は存在せず、アメリカ国籍を持つ人がアメリカ人ですので、ここでの〝アメリカ人〟は、人種とは無関係に、アメリカで生まれ、アメリカで育った〝純粋なアメリカ人〟の意味です。

日本人にとっては不幸にして英語が国際語です。日本語が国際語であったなら（そんなことはあり得ないのですが）、どれだけ楽だったでしょう。国際的に活躍しようと思えば、英語の習得が必須です。少なくとも、英語ができないと非常に不便です。

しかし、幸いにも母国語の英語が国際語であり、その気になれば、ほとんどすべての生活必需品を他国に依存することなく国内で賄《まかな》えるアメリカ人は、とりあえず、外国語を学ぶ必要がないのです。すでに何度も述べましたように、外国語は必要性がなければ本気で勉強しようという気持ちになかなかなれませんし、その必要性が持続しなければ修得などできるものではないのです。自然資源に恵まれた広大な国土を持ち、国際語である英語を母国語とするアメリカ人にとっては、外国語が絶対に必要というわけではないのです。したがって、アメリカ人にとって外国語を学ぶということはきわめて特殊な作業です。

確かに、〝実用〟という観点からいえば、英語を母国語とするアメリカ人を羨ましく思うこともあるのですが、日本人がどのように頑張っても日本語が国際語になることはないのですから、私は開き直って、アメリカ人の友人たちに「君たちは母国語が英語で不運だなあ。俺たち日本人は、日本語が国際語でないお蔭で、日本文化のほかに英語文化も楽しめるんだよ。これは楽しいことなんだよ」とよくいっていました。もちろん、半分は冗談ですが、半分は本気なのです。

言葉は風土、文化の産物です。

つまり、異なる言葉を勉強することは、異なる風土、文化を勉強することでもあります。

国際語を母国語に持たない私たち日本人は、外国語を勉強することで、同時に外国の文化も勉強できるのです。私の経験からいっても、これはとても楽しいことなのです。ですから、これから英語を勉強するみなさんにも、是非、英語文化を楽しんでいただきたいと思うのです。そして、英語文化を実際に見に行ってください。

何事も、楽しいと思うか、絶対的に必要ということでない限り長続きはしません。

何語であれ、基本は語彙《ごい》です。その語彙の数も中味も風土、生活習慣などに密接に関係しています。

例えば、「食」に関する語彙を調べてみると面白いことに気づきます。海藻を食べる習慣を持つ日本人の日本語には、ノリ、ワカメ、ヒジキ、コンブなど、それらを区別する語彙が多いのです。日本人はそれらを区別する必要があるからです。ところが、英語ではすべて"seaweed"（"海の雑草"）で一括されてしまいます。一般的に、欧米人は海藻を食べませんので、その種類をいちいち区別する必要はなく"海草"で十分なのです。

逆のことが「肉」という言葉に現われます。

歴史的に、一般に肉を食べる習慣がなかった日本人にとっては「肉」一語で十分なのですが、肉を食べる習慣を持つ欧米人にとっては、そうはいきません。いろいろな肉を区別する必要があるので、「肉」に関する語彙が必然的に多くなります。

まず、一般的な肉を意味する"flesh"、食べる肉を意味する"meat"、この"meat"はさらに"beef（牛肉）"、"veal（子牛肉）"、"pork（豚肉）"、"ram（羊肉）"、"chicken（鶏肉）"などに分かれます。

日本語の「私は肉を食べる」はいいのですが、これを英訳して“I eat flesh.”といったら大変なことになります。“flesh”は食べてはいけない肉だからです。人食い人種と間違えられるかもしれません。

また「年齢」つまり「年上」か「年下」かを気にする日本文化とそれらをあまり気にしない英語文化の違いが「兄」と「弟」という言葉に現われます。

日本語には「年上」の「兄」と「年下」の「弟」という2つの言葉がありますが、英語には“brother”しかありません。あえて、「年上」を意識する場合は“elder brother”、「年下」を意識する場合は“younger brother”といわねばなりません。「姉」と「妹」についても同じです。

同じ言葉でも、その言葉からのイメージは国民によって異なります。

そのような例はたくさんあるのですが、一例を示しましょう。

「桜」は英語では“cherry”です。日本人が「桜」と聞いてすぐにイメージするのは、昔から「花は桜木、人は武士」といわれるように、桜の花でしょう。古来、日本の詩歌、俳句、小説などに登場する桜の花は数知れません。日本人が桜を愛するのは、まず、春の訪れを象徴する満開の花の美しさです。そして、パッと散る散りぎわの潔さでしょう。日本人は桜の花に人生の華やかさとはかなさを重ね合わせるのです。

ところが、欧米人が“cherry„と聞いて真っ先にイメージするのは、赤い大きな宝石のようなサクランボのことです。

私がアメリカで暮らしていた頃、当時の櫻内外務大臣がワシントンを訪れた時、アメリカ人にウケると思ったのか、櫻内の「桜」と“cherry„を掛け“I am a cherry.„といって、アメリカ人記者たちの失笑を買ったことがありました。それが、ワシントンのポトマック河畔の桜が咲いていた頃でもあり、櫻内大臣は「桜＝cherry」の感覚で、得意になっていったのだと思います。じつは、“cherry„にはスラングで「処女、未熟者、青二才」という意味があるのです。アメリカ人の失笑の理由がよく理解できるでしょう。

このような語彙の違いのほかに、日本語文化と英語文化で顕著な〝思考の違い〟が現われます。これは、かなり厄介な「文化摩擦」（前掲『体験的・日米摩擦の文化論』）の原因にもなるのです。

私の経験によれば、欧米人は科学者、技術者に限らず一般的に、日本人よりも理屈っぽいようです。何かをいえば「それはなぜか」という言葉が返ってきます。これは、次項で述べる日本語と英語の構造に起因することのように思われます。

欧米人の議論の根幹には「Why（なぜ）?—Because（なぜならば）」の思考があります。私はこれを「Why?—Because文化」と呼びます。それに対し日本人は一般に「Why?—Because」の議論に慣れていません。日本人の議論の型といえます。しかし「Yes」あるいは「No」をはっきりいわない（いえない）のも日本人の特徴です。「Yes」と答えるのは得意でも「No」ということには抵抗を感じるのか、「No」というと相手を傷付けると思うのか、「No」というかわりに曖昧な微笑で済ませる日本人が多いのです。これは「おもいやりの日本文化の美徳」であっても、欧米では絶対に容認されない悪癖なのです。「No」というべき時に「No」とはっきりいわなければ、いくら「Yes」をはっきりいっても、それははっきりした「Yes」にはならないのです。はっきりした「Yes」とはっきりした「No」とは一対のものです。つまり、日本人の答えはいつも曖昧という結果になってしまいます。私は、この日本の文化を「Yes—No文化」と呼んでいます。大きな文字で書かれた「Yes」と小さな文字で書かれた「No」

に留意願います。はっきりと白黒を付けずに、曖昧に済ませられるものは曖昧に済ますということも、日本文化の特徴の一つでしょう。これも、場合によってはすばらしいのですが、何ごとも白黒を付けてはっきりさせなければならない国際社会では通用しないのです。

ここで、もう一つ、日本人の「沈黙は金《きん》」について触れておきたいと思います。

国際的な議論の場ばかりでなく、単なる雑談の輪の中でも〝無言〟で通す日本人が少なくありません。たとえ彼らがどれだけ優秀な人材であっても、また日本でどれだけ高い地位にある人物であっても、とりあえずは〝外へ発せられる言葉〟で判断されるアメリカ社会では、彼らは「何もいうべきことを持っていない人」と思われざるを得ません。

もともと「沈黙は金」という諺《ことわざ》は西洋のものらしいのですが、コミュニケーションの場における日本人の特徴をよく表わしています。じつは、日本で〝沈黙〟が美徳とみなされることはいまに始まったことではなく、歴史的、伝統的なものです。『徒然草』第79段に「よくわきまへたる道には、必ず口重く、問はぬ限りは言わぬこそ、いみじけれ」（傍点筆者）と書かれています。まさに「沈黙は金」の精神です。日本の映画界で絶大の人気を誇った高倉健さんの魅力の一つも「口数が少ない」ことだったと思います。

このように、日本人は昔から現代まで〝沈黙〟が好きで、そこに美徳を見出してきたのですが、雑多民族の集まりであるアメリカ社会では〝沈黙〟は絶対に「金《きん》」にも「金《かね》」にもなり得ず、「問はぬ限りは言わぬこそ」が〝いみじ（すばらしい、りっぱだ）〟と思われることは絶対にないのです。〝沈黙〟は「無」以外の何ものでもなく、アメリカ社会では「無」はマイナスです。

日本人の〝沈黙〟や〝微笑〟が日本国内に留まっているうちはよいのですが、それらが国際社会に持ち出されれば、必然的に大きな誤解と齟齬《そご》をきたし、それが国家間の大きな摩擦にも発展し得るのです。

私は英語の勉強を通じて、異文化に触れ合う楽しみを味わうと同時に異文化を理解する重要性を理解して欲しいと思います。もちろん、このことは、英語のみにいえることではなく、中国語や韓国語など近隣諸国の言葉をはじめとするあらゆる外国語を勉強する意義もまったく同じことです。

日本語と英語の違い

日本語を構成するのがそれぞれ50個のひらがな、カタカナと無数の漢字であるのに対し、英語を構成するのはわずか26個のアルファベットです。したがって、日本語と英語の間に、さまざまな大きな違いがあるのは当然です。この〝さまざまな大きな違い〟が、英語を勉強する日本人を悩ませることになるわけです。しかし、同時に、その違いを知ることが面白いのです。それらの違いを詳しく述べ始めたら、1冊の本でも収まりませんので、ここでは、これから英語を勉強する上で、是非知っておいて欲しい違いだけを簡潔に述べることにします。

まず、日本語と英語の文章の構造の違いです。

端的にいえば、一般に日本語は（日本人の話も）〝まえおき〟が長く、話の核心がなかなか出てきません。これを「△型」と呼びます。極端な例は、冒頭の数行だけは誰にでも知られていると思われる宮沢賢治の「雨ニモマケズ」という30行から成る詩です。

雨ニモマケズ
風ニモマケズ
（このあと26行）
サウイフモノニ
ワタシハナリタイ

この文意の核心は最後の行の「ワタシハナリタイ」です。何になりたいのか？　それは最後から2行目の「サウイフモノニ」で、その「サウイフモノニ」の具体的内容が1行目から28行目までに書かれているのです。つまり、30行から成る文の真意、「ナリタイ」のか「ナリタクナイ」のかは最後の最後までわからないのです。

それに対し、英語は（欧米人の話も）、文の結論、核心が最初にくるのです。これを「▽型」と呼びます。

もし、〝詩の心〟を無視し、上記の宮沢賢治の詩を「英語型」で書くとすれば、

ワタシハナリタイ
サウイフモノニ
雨ニモマケズ
風ニモマケズ
（このあと26行）

となります。これが自然な英語の構造（▽型）です。

日本語の△型も英語の▽型も結局は文化の違いの結果です。

先ほど述べました欧米人の「Why?—Because 文化」と重なるのですが、欧米人にはコミュニケーションの出発点で、まず「〜だ」という結論を述べ、それから、その結論に至るまでの説明をする傾向があります。つまり「〜（結論）だ。なぜならば〜（理由）だから。」という▽型になります。

これと対照的に、日本人は、まず理由づけや細部の説明をして、最後に結論を持ってくる型、つまり「〜（理由）だから、〜（結論）だ」という△型です。

▽型の英語と△型の日本語の違いを知っておくことは、欧米人とコミュニケーションをはかる上できわめて重要です。

もう一つ、日本人の英語学習者を悩ます、日本語にはない英語の冠詞について述べておきます。

日本人にとって英語の冠詞は厄介なのですが、逆に、冠詞のある母国語に慣れた外国人が、冠詞のない日本語を学ぶ時には大いに当惑することだろうと思います。

英語の冠詞は定冠詞theと不定冠詞a(an)の2種類で、名詞の前に置かれ、その名詞が表わす概念、適用範囲を明示するものです。

冠詞の「文法」を理解するためには、英語の名詞の種類（可算名詞／不可算名詞、具象名詞／抽象名詞、単数形／複数形）についての知識が必要ですが、本書は「英語の本」ではありませんので、これらについては割愛し、英語の冠詞についての〝興味〟を持っていただくために、theとaの〝妙味〟について述べることにします。

定冠詞、不定冠詞に関する英文法の基礎は「ある名詞に初めて言及する時は不定冠詞a(an)を用い、その同じ名詞に繰り返し言及する時は定冠詞theを用いる」と教えます。

この知識を踏まえ、シェイクスピア『リチャードⅢ世』の第5幕第4場、急を告げるラッパの音とともに、自分の馬を倒されたリチャードⅢ世が歩いて登場する場面の台詞を見てみましょう（日本語は小田島雄志訳、白水社）。

リチャードⅢ世：A horse! A horse! My kingdom for a horse.（馬をくれ、馬を！
馬のかわりにわが王国をくれてやる！）
ケイツビー：Withdraw, my lord. I'll help you to a horse.（いったんお退きを、陛下。
馬は私が見つけます。）

リチャードⅢ世の台詞の中には“a horse”が3回出てきますが、最初の2つはまったく同じ文章の繰り返しですので“a horse”でよいのですが、最後の“horse”は、その馬のかわりに自分の王国をくれてやる、といっているのですから、正しい英文法に従えば“the horse”でなければなりません。しかし、この場合、切羽詰まったリチャードⅢ世は「馬であればどんな馬でもよい！」と叫んでいるので、何度“horse”を繰り返しても

〝a horse〟 であり、〝the horse〟 にはならないのです。もちろん 〝the horse〟 といってもよいし、その方が英文法的には正しいのですが、リチャードⅢ世の 〝the horse〟 を用いず 〝My kingdom for a horse〟 という台詞に切羽詰まった様子が目に浮かぶのです。さすが、シェイクスピアだと思います。

このように、文学作品においては、冠詞の使い方一つが大きな〝表現力〟になるということをちょっと知っておいていただきたいと思います。まさに、日本語にない、英語の冠詞の妙味です。ですから、英語の冠詞を嫌わないで、楽しみを与えてくれる友だちと思ってください。

第4章

算数・数学編——「数学アレルギー」から脱却しよう

数学アレルギーの原因

すでに述べましたように、「数学が苦手だから文系へ」という人が少なくないのが現実です。

本当のところは「数学が苦手」というよりも、私は数と数学に対する一種のアレルギーではないかと思うのです。その〝アレルギー〟は学校と教科書によって植え付けられてしまったのです。実際、私の周囲にも「数学アレルギー」の人（特に、自分のことを「文系人間」と思っている人）が少なくないのですが、これはひとえに、学校で教わる（教わった）数学、つまり〝試験のための数学〟のせいだろうと思います。この〝試験のための数学〟が面白くないのは、数学が一種の暗記科目になってしまっているからです。機械的に公式を暗記し、具体的な意味を持たない問題を機械的に解く（必ず存在する答えを見つける）作業が面白くなく、そのような作業に興味が持てず、結果的に「数学が苦手」、「数学嫌い」になってしまうのはよく理解できることです。本来、「数学が苦手」、「数学嫌い」というのは「頭の良し悪し」とはまったく関係ないことなのですが、

「数学が苦手」、「数学嫌い」な人が自分のことを「頭が悪い」と思ってしまいがちなのは、まことに気の毒なことです。

しかし、数学は物事を筋道立てて考えることを教えてくれる、また、そのための訓練をしてくれる最たるものであり、私には、決して「面白くないもの」とは思えないのです。ちょっと大げさにいえば、人生、数学の面白さと「数学は役に立つもの」ということを知らずに終えるのはまことにもったいない話なのです。

まずは「数学アレルギー」の原因を知り、そこから脱却していただきたいものです。実際、以下の話を読んでいただければ、私は、「数学アレルギー」からの脱却は誰にでも簡単にできるのではないかと思います。

数の恩恵

私たちの周囲の事物や現象を記述したり、理解したり、他人とのコミュニケーションをはかったりする上で〝数〟は不可欠です。

自分自身の幼児体験から考えてみますと、私たち人間は、手の指を折りながら（アメリカ人は開きながら）「ひとつ、ふたつ、みっつ、……」というように数えることを本能的に知っていったのではないかと思われます。

しかし、数えた結果を表現する記号である〝数〟が発明され、〝数の概念〟が生み出されるまでには、人類の誕生から数百万年という長い年月を要したのです。

いま、〝数〟は空気や水と同じように、あまりにも当然のごとく存在しますので、私たちは、そのありがたさを意識することがほとんどないのですが、毎日の生活の中で、時刻、時間を表わす数に始まり、物品の購入、経費の精算、支払いなどなどのことを考えれば、日常生活、社会生活が数なしには成り立たないことは明らかでしょう。

私たちが見る物には〝大きさ〟と〝形〟があります。物の大きさ（量）を扱うには、同じ性質で一定の大きさ（量）のもの、つまり〝単位〟を決めて、その〝単位〟の〝何倍〟であるかを定めなければなりません。この〝何倍〟の〝何〟にあたるのが〝数〟です。

〝数〟の歴史の中で、画期的なのはインド人による〝ゼロ（0）〟の発見です。

ゼロ（０）を導入することによって「位取《くらい》り」による記数法が可能になったのです。そのお蔭で、１から９、そして０の10個の数字を用いるだけで、あらゆる数字を自由に書き表わし得るのです。これは、数の表記の上で、大革命です。

例えば、６８と６８０と６０８を区別するにはどうしても〝空位〟を表わす〝０〟が必要です。つまり、空位を表わす記号なしには位取り記数法は成り立たないのです。

人類史上、バビロニア、エジプト、ギリシャ、ローマ数字などが生まれましたが、０がない、これらの記数法では、桁数が一つ増えるごとに新たな〝数字〟が必要になってくることはおわかりでしょう。また、０を含むインド記数法によれば、数字の大小が一目で判定できることも大きな利点です。さらに、私たちは、普段、簡単な計算は筆算で行ないますが、筆算が行なえるのは０を持つインド記数法ならではのことです。

みなさんは、普段「ゼロの恩恵」など意識することはないと思いますが、もしゼロ（０）がなかったならどうなってしまうか、ちょっと考えてみてください。

算数や数学に悩まされることがなくなる？

いずれにせよ、数、そして０の恩恵を考えることは、算数や数学に興味を持つ第一歩になるのではないでしょうか。

算数と数学

いままで、特に説明することなく〝数学〟という言葉を使ってきたのですが、〝数学〟と似た言葉に〝算数〟があります。小学校で学ぶのは算数なのですが、中学校からはその呼び名が数学に変わります。両者の違いは、基本的には、計算に数字以外の文字を使うかどうか、後述します方程式《ほうていしき》を使えるかどうかにあります。

つまり、〝数に関する問題〟を解こうとする場合、算数では「図と数の四則計算（足し算、引き算、掛け算、割り算）だけしか道具として利用できない」のに対し、数学では「文字を使って題意を表現し、物事を一般化して解く」のです。数学の真髄は何といっても、この〝物事を一般化して解く〟ということで、〝物事を一般化〟するために、特定の数の代わりに文字を使った文字式で物事を一般化して表現するわけです。

あとで、実際に、同じ問題を算数と数学で解いていただきますが、算数と比べ数学がいかにやさしいものであるか（逆ではありませんよ）、具体的にいえば、文字式というものがいかに便利な道具であるか、ということを実感するに違いありません。ひいては、数学がいかに便利な道具であるかということを理解していただけるでしょう。

いずれにしても、算数と数学の楽しみと喜びは、筋道立てて考えていけば必ずゴールに行き着けるということで、その過程の〝考えること〟自体を楽しむべきです。つまり、「公式を暗記して問題を解く」というようなこととまったく異なることなのです。

方程式が教えてくれるすばらしい人生訓

私自身、小学校から中学校に入り、算数が数学に変わった時のことを思い出しますと、最も印象深く残っているのは、やはり〝文字式〟と〝方程式〟の登場です。〝方程式〟あるいは〝方程式を解く〟というような言葉を使った途端に、何となく、自分がおとなになったような気がしたものです。そして、方程式を使うたびに、「方程式って、何て便利なものなんだ」と思いました。

ところで、「方程式」の「式」はわかりますが、「方程《ほうてい》」とは何なのでしょうか。

古代シナには天秤《てんびん》を肩にかついだり、車に積んで歩いて、物の重さを量ることを専門とする「方程師」という職業がありました。天秤は、中央を支点とする梃子《てこ》を用いて重さを測定する道具で、両端に同じ重さの皿を吊るし、一方に量ろうとする物を、他方に分銅《ふんどう》を載せて水平にして物の重さを知る仕組みです。つまり、梃子の一端に置いた物ともう一端に置いた分銅がちょうど釣り合い、梃子が水平になった時の分銅の重さが物の重さになるわけです。

方程式の考え方は、まさに、この天秤の原理を巧みに使うものであり、その原理を知るにつけ「方程式」とはうまい名前を付けたものだと感心します。

いま

A＝B

が等式として成り立っているとすれば

① A＋C＝B＋C
② A－C＝B－C

③　$CA=CB$

④　$\frac{A}{B}=\frac{B}{C}$

という等式が成り立ちます。「①同じものに同じものを加えても」「②同じものから同じものを引いても」「③同じものに同じものを掛けても」「④同じものを同じもので割っても」等しい、という〝等式の原則〟です。

方程式には〝未知数〟が含まれます。未知数は「どんな数だかわからないが、とりあえずxということにしておこう」ということで方程式の中に組み入れられて等式がつくられるのです。

例えば、「ある数を5倍して10を足したら30になった、この〝ある数〟を求めよ」という問題を考えてみましょう。

ここで、この〝ある数〟を、どんな数だかわからないけど、とりあえずxということにしますと、問題の意味から

$$5x+10=30$$

という方程式をつくることができます。この方程式を、前記の〝等式の原則〟を用いて解きますと、

$$(5x+10)-10=30-10$$

$$5x=20$$

$$\frac{5x}{5}=\frac{20}{5}$$

$$x=4$$

という具合に〝ある数〟は4であることがわかります。

いま、ほんのちょっとだけ方程式を味わっていただいたのですが、私が強く感じる方程式のすばらしさは、その道具としての便利さのほかに、方程式の「どんな値だかわからないけど、とりあえず〝未知数〟として話を先に進めよう、論理を組み立ててみよう」という考え方にあります。このような、いまの時点ではわからない〝未知数〟というものを〝一人前〟に扱って話を進める、という思想です。

このような考え方は、広く人生の中で大いに役立ちます。〝未知数〟は〝未知数〟の

ままにしておいて、とりあえず前に進んでみようという姿勢です。人生、〝わからないこと〟に出合うことはしばしばです。その時、その〝わからないこと〟にいつまでもこだわって、その場でじたばたするよりも、とりあえず、わかったつもりになって、先に進んでみることです。そうすると、わかったつもりだったことが本当にわかることになることがあるのです。方程式は、まさにそういうことを教えてくれています。

学校で習うどのような教科にもいえることですが、それらを勉強した成果を、その教科内に留めておく、もっと味気なくいえば、試験のためだけにしておくのはまことにもったいない話です。さまざまな教科から「広く人生に役立つようなさまざまな教訓や考え方」を学び取って欲しいと思います。だから、何度も繰り返していますように、教科書の丸暗記は試験には役立っても、現実の人生にはほとんど意味がないのです。

算数よりずっとやさしい数学

さて、これから、例題を通し、算数に比べ、数学がいかにやさしいものであるか、方程式がいかに便利な道具であるか、ということを実感していただきましょう。

例えば「メロン10個とリンゴ8個を買うと代金の合計は5140円である。また、メロン3個とリンゴ5個を買うと代金の合計は1750円である。メロンおよびリンゴ1個の値段はそれぞれいくらか。」という問題を算数と数学で解いてみてください。

算数では方程式が使えません。

最初にしなければならないのは、題意を数式で表わすことです。

①メロン10個＋リンゴ8個＝5140円
②メロン3個＋リンゴ5個＝1750円

これらの2式からメロンおよびリンゴ1個の値段を求めるのですが、かなり厄介です。先述のように、算数では四則計算しか使えません。
①、②をじっくり眺めて「①、②まとめて買ったら……」という発想が浮かんだらしめたものです。この発想が浮かばないと、なかなか解けません。
まとめて買ったとしますと

メロン13個＋リンゴ13個＝6890円

です。

ここから、等式の原則、四則計算を使って、メロンおよびリンゴ1個の値段を求めてください。途中の計算と答は省略します。

この種の問題を算数で解くには、かなり頭を使いますし、思考の柔軟さが求められます。それだけに、算数は面白いのです。

同じ問題を数学、つまり方程式を使って解くのはきわめて簡単で、あまり頭を使う必要がありません。方程式特有の未知数を導入して話を進めればよいのです。

メロン1個の値段をx円、リンゴ1個の値段をy円とすれば

$$10x+8y=5140$$

$$3x+5y=1750$$

という2つの方程式（2元1次の連立方程式）がすぐにつくれます。

①から

$$y=\frac{5140-10x}{8}$$

が求まり、これを②に代入して順を追って計算すれば、$x=450$に行き着き、これを上式に代入すれば$y=80$が得られます。簡単ですね。

どうでしょうか。

方程式を使った数学の解法は算数の解法と比べ、特に頭を使うところがなくまことに機械的で、はるかにやさしいのです。

私は算数と数学を比べた場合、明らかに算数の方が難しいと思うのですが、その分、算数の方が面白いと思っています。算数は、まさに〝考える楽しさ〟を実感させてくれます。小学校時代にこのような算数を通して、〝考える楽しさ〟を知って欲しいものだと思います。

自然現象と数式

古代ギリシャのピタゴラスは哲学・数学・音楽・天文学の殿堂を設立しましたが、彼の学派の教義は「宇宙には美しい数の調和がある」というものでした。また、近代科学の祖・ガリレオは「自然の書物は数学の言葉によって書かれている」と述べていますが、確かに、数学は自然を理解するのに大いに役立ちますし、そればかりでなく、自然の神秘の一層の驚嘆にもつなげてくれます。

例えば、リンゴの実はニュートンが見ていようがいまいが、人間がいようがいまいが、落下する時には落下しますが、そのリンゴが落下を始めた時からの時間 t と落下距離 d との間には

$$d = \frac{1}{2}gt^2$$

という簡単な関係（g は「重力の加速度」と呼ばれる自然界の定数）があるのですが、このことは驚嘆に値すると思いませんか。

つまり、〝物体の落下〟という、人間にはまったく関係ない純粋な自然現象が、自然界に存在するわけではなく、人間がつくった数式で完璧に表現されているわけです。不思議なことではありませんか。このことが、私には身体が震えるほど不思議で仕方ないのです。

じつは、このような例はほかにもたくさんあるのです。

例えば、自然界には重力、電気力、磁気力というものが存在し、これらはまったく別のものと考えられているのですが、それぞれの力の大きさを表わす式がまったく同じ形なのです。もちろん、これらの式も人間がつくったものです。このことも、私には不思議で仕方ありません。

自然現象は人間にまったく関係なく起こるものなのに、それがどうして、人間がつくった数や数式で完璧に表現できるのか、私には、本当に不思議で仕方ないのです（拙著『自然現象はなぜ数式で記述できるのか』PHPサイエンス・ワールド新書）。そして、あらためて「自然の書物は数学の言葉によって書かれている」というガリレオの言葉を思い起こすのです。

みなさんにも、人間とまったく関係ない自然現象が、完全に人間の創造物である数式で表現できることの不思議さに感動していただきたいと思います。

そうすれば、数や数式に対するアレルギーも消え、数学に興味を持っていただけるのではないかと思います。

数学は「外国語」の一種

ガリレオは「数学の言葉」というのですが、私は、数学あるいは数式は「外国語」の一種だと思っています。外国へ行った時、外国語ができなくても、身振り手振りでなんとかなるとは思いますが、多少でも外国語を使えた方が何かと便利ですし、外国での楽しみも格段に拡がります。それと同じように、数学や数式という「外国語」も、日常生活において、知らなくてもなんとかなるのは事実ですが、多少なりとも知っていれば、自然現象のみならず社会現象を、より明瞭に理解するのに大いに役立ちます。

外国語が好きな人も嫌いな人も、得意な人も苦手な人もいるように、数学、数式という「外国語」が好きな人も嫌いな人も、得意な人も苦手な人もいるのは当然です。しかし、数学が嫌いな人や苦手な人が、先天的に「嫌い」「苦手」であるとは、私にはどうしても思えないのです。すでに何度も述べましたように、学校の先生には申し訳ないのですが、面白くない教科書や授業のせいで、数学が「嫌い」「苦手」になってしまった人が大半なのではないでしょうか。

第5章　社会編——歴史の〝連関〟を発見する喜びを知る

日本史と異常気象

私が学校の「歴史」でまず思い出すことといえば、事項と年代、年表の暗記です。誰にでも「ほっとけ（仏）ほっとけゴミヤ（538）さん」「なくよ（794）ウグイス平安京」「イイクニ（1192）つくろう鎌倉幕府」「イヨクニ（1492）に駆られるコロンブス」などといいながら事項と年代を憶えた経験があるでしょう。このような「勉強」が面白いはずがありません。少なくとも、このような暗記によって歴史の面白さを味わうのは無理です。

私が、つくづく「歴史は面白いなあ」と思ったのは学校を出てからずっと後になってからのことでした。

私が卒業した高校は男子校で、毎年秋には〝競歩大会〟というのがあり、埼玉県の浦和から茨城県の古河《こが》まで約45キロメートルを歩かされました。〝競歩〟とはいうものの、制限時間がありますので、実際は走らされたのです。当時は嫌になるほど苦しかったのですが、いまになってみますと、高校時代で最も懐かしく思い出されるイベントです。

この競歩大会のゴールは古河市内の小学校だったのですが、高校時代の３年間、古河に到達するたびに不思議に思っていたことは、古河の多くの小学校、中学校の校章のデザインが〝雪の結晶〟をベースにしていることでした。

古河という町は、東京の北60キロメートルほどに位置するくらいですから、決して雪国というわけではありません。それなのに、どうして〝雪の結晶〟のデザインが校章に使われるのか、私はとても不思議に思ったのです。

いつしか、そのような疑問を持ったことは忘れてしまったのですが、高校を卒業してから20年以上の後、一般向けの半導体結晶の本を書いた時、遠き日の〝雪の校章〟に関する疑問が氷解（雪解？）したのです。

一般的な結晶の解説に、私は、例として雪の結晶を取り上げました。

雪の結晶というと、日本の中谷宇吉郎の研究が世界的に有名なのですが、じつは、江戸時代の天保年間、１８３０年頃、古河の11代藩主の土井利位《どいとしつら》が『雪華図説』『続雪華図説』という素晴らしい本を遺しているのです。これは、当時〝蘭鏡〟と呼ばれた簡単な構造の顕微鏡を使って雪の結晶を観察し、それをみごとなスケッチとしてまとめたものです。合計189種の雪の結晶のスケッチとともに観察場所と観察日の記録が書かれています。

つまり、古河の小学校や中学校の校章に〝雪の結晶〟が使われているのは、昔の古河藩主・土井利位の『雪華図説』にちなんだものに違いないと思ったのです。この土井利位は後に、「大塩平八郎の乱」を平定した功績によって京都所司代まで出世しています。

これで、当初の疑問については一応合点がいったのですが、また新たな疑問が生じてしまいました。

北海道や東北地方の寒冷地であれば理解できるのですが、どうして、決して〝雪国〟というわけではない茨城県の古河のようなところで、あのような雪の結晶の観察ができたのだろうか、ということです。

いうまでもないことですが、まず、古河で相当の降雪があったということで、さらに雪はすぐに融けてしまいますので、きれいな六角形の雪の結晶がそのまま、スケッチが終わるまで存在してくれるためには、観察環境が相当の低温でなければならないのです。現在のように、さまざまな冷却装置が利用できるのであれば、話は簡単なのですが。

日本史年表に当たってみて、私の疑問はまたまた氷解しました。

1700年頃からずっと日本国内で異常気象が続いていたのです。旱魃《かんばつ》があったり、冷害があったりして、それが、日本史上有名な「天保の大飢饉」「天明の大飢饉」につながるのです。本来、寒冷地でのみ見られるようなきれいな雪の結晶が観察できるような土地ではない古河でもあれだけきれいな雪の結晶が観察でき、それを写真ではないスケッチで遺せたということは、古河が異常なまでに寒かったのです。そのことを、年表を眺めていて理解できました。

また、土井利位が京都所司代まで出世するきっかけになった「大塩平八郎の乱」も、異常気象がもたらした大飢饉に苦しむ大坂の窮民を救うべく立ち上がった大坂町奉行与力であり陽明学者でもあった大塩平八郎が起こした乱だったのです。私は〝異常気象〟が結び付ける「古河の校章」―『雪華図説』―「土井利位」―「大塩平八郎の乱」―「京都所司代への出世」という〝歴史〟の流れの妙味を覚えずにはいられませんでした。

世界史と異常気象

このような異常気象が狭い日本だけに起こるはずはありませんので、私は世界史年表を調べてみました。当然ですが、案の定、18～19世紀は世界中が異常気象に襲われ、それが原因となったさまざまな大事件が起こっていることがわかります。

例えば、１７８９年のフランス革命の原因についてはいろいろなことがいわれていますが、結局は異常気象のために農作物が不作で、一般庶民の食べる物がなくなったことが基本的な原因に思われます。

また、チャイコフスキーに「序曲１８１２年」という作品がありますが、これは１８１２年、モスクワを攻めたナポレオンが寒さと大雪のために退散させられたことを題材にしています。この時に、あのナポレオンさえも追い返した冬の寒さと大雪のことを呼ぶ「冬将軍（General Winter）」という言葉が生まれたのです。ナポレオンの退散も、チャイコフスキーの「序曲１８１２年」も、「冬将軍」という言葉も異常気象の〝産物〟です。

さらにいえば、トルストイの大作『戦争と平和』も、この１８１２年前後の10数年のロシアを舞台にしています。この大作も単にロシアの文学作品として読むのではなく、日本に『雪華図説』や「大塩平八郎の乱」などを生んだ〝異常気象〟と関連づけて読むならば新たな興味が湧いてくるに違いありません。

そして、なぜ、18～19世紀に世界中が異常気象に襲われたのかといえば、それはひとえに太陽活動の影響です。太陽活動に周期性が見られることはよく知られている事実です。その周期性によって、地球は寒冷化したり、温暖化したりするのです。これは次章で述べる「地学」の分野のことです。

歴史の楽しみ方

だいぶ〝まえおき〟が長くなったのですが、ここの話のエッセンスは「歴史」の見方、楽しみ方です。

学校の「歴史」の教科書や年表に現われる「歴史」はあくまでも歴史の表層にすぎま

せん。一見バラバラに思えるような事件なども、その奥に隠されたものを考えていきますと、意外なところで連関を見出せるものです。人間の「歴史」というものが、この地球上の人間によってつくられるものであることを考えれば、そのような連関は当然のものでもあります。

個々の「知識」は、なんら拡がりを持たず、それだけのものにすぎませんが、それらの間に連関を見出そうとする時、見出した時に脳が活性化されるのです。また、活性化された脳は興味深い連関を見出すものです。

学校でも、「歴史」の授業では事項や年代を暗記させるような、まったく無意味、無味乾燥なことをさせるのではなく、歴史の〝連関〟を教えるべきなのです。そのためには、文科省認定の「教科書」よりも、歴史小説の方がはるかに効果的な場合もあるのです。

いま、私がここで述べました「古河の校章」から『雪華図説』、土井利位、大塩平八郎の乱、フランス革命、ナポレオン、「冬将軍」、チャイコフスキー、トルストイに至るまでの〝連関〟を学校で教えてくれれば、大半の生徒は歴史好きになり、脳の活性化に大いなる喜びを覚えるでしょう。

ところで、シェイクスピアの『夏の夜の夢』の名訳として名高い福田恆存《ふくだつねあり》訳の中にも小田島雄志訳の中にも「冬将軍」という言葉が出てきます。

もちろん、シェイクスピアの時代（16〜17世紀）には“General Winter（冬将軍）”などという言葉はないはずです。いま述べましたように、“General Winter（冬将軍）”は1812年以降に生まれた言葉なのですから。私はヘンだと思って、『夏の夜の夢』の原著（“A Midsummer-Night's Dream”）を読んでみました。

やはり、当然のことながら、シェイクスピアは“General Winter”という言葉は使っておらず、「冬」を意味するラテン語の“hiems”を擬人化した“Hiems”という言葉を使っています。すでに「冬将軍」という言葉を知っている福田恆存も小田島雄志も、この“Hiems”を「冬将軍」と訳したわけです。

余談ながら、私は、この“A Midsummer-Night's Dream”を名翻訳家の福田恆存も小田島雄志も、どうして『真夏の夜の夢』と訳さず『夏の夜の夢』と訳したのか不思議に思ったのですが、じつは、原題は正確には「夏至前夜の夢」という意味で、「夏至」は6月22日頃ですから、これを「真夏の……」と訳したのではいささか雰囲気が異なってしまうのです。日本人が「真夏」で思い浮かべるのは「8月の猛暑」の頃でしょう。『夏の夜の夢』は、このようなことを考慮した周到な訳だったのです。

〝奈良の大仏〟の銅

もう20年以上前のことですが、〝明治維新発祥の地〟といわれる山口県の美東《みとう》町を訪れた時、「奈良の大仏さんのふる里」という大きな看板が目にとまりました。1990年頃、全国で〝ふるさと創生事業〟が盛んに叫ばれ、「奈良の大仏さんのふる里」も、その時以来使われている〝町おこし〟のためのキャッチフレーズでした。古い銅山跡と奈良時代の須恵器が見つかったからだそうです。

私が「歴史」で習った知識によれば、〝奈良の大仏〟は、8世紀中葉、自然災害や飢饉や疫病による当時の社会不安を一掃すべく、聖武天皇の発願で国家プロジェクトとして〝国銅を尽くして〟、つまり、日本中の銅を使って造営されたものです。

事実、当時、因幡国（鳥取県）、周防、長門（山口県）、武蔵国（埼玉県）、山背《やましろ》（京

都府）、備中（岡山県）、備後（広島県）、豊前（福岡県）などに銅山があり、『続日本紀』によれば、天下の富と権力を掌握した聖武天皇が、これらの産地から銅を集め、国をあげて、国民総動員体制で奈良に大仏を建立したことになっています。

そのような大仏の〝ふる里〟が山口県の美東町だ、とはいささか「誇大広告」ではないか！　私は、美東町教育委員会に〝抗議文〟を送りました。

すぐに、美東町教育委員会から資料がドサリと私へ届けられました。

結論を先にいいますと、〝奈良の大仏〟の創建には長登《ながのぼり》（美東町）の銅が使われたのです。確かに、美東町（長登）は「奈良の大仏さんのふる里」といっても過言ではなかったのです。

当時、私はアメリカで暮らしていましたので知らなかったのですが、1988年3月20日の全国紙の一面を東大寺大仏の鋳造跡発掘、そして使用銅が山口（長登）産のものであった、というビッグ・ニュースが飾っていたのです。

その〝決め手〟は、化学分析によって明らかにされた熔銅塊中の異常に高濃度のヒ素でした。長登の銅鉱石の特徴は、石灰分が多く、ヒ素が普通の銅鉱石の100倍近くも多く含まれていることです。

私は、『続日本紀』に書かれているように、聖武天皇が全国の産地から銅を集めて、国家プロジェクトとして大仏を建立しようとしたことは間違いないと思います。

それでは、なぜ、長登の銅が使われたのでしょうか。天平時代の技術者たちが、全国各地から集められた銅の中から長登の銅を使ったのはなぜでしょうか。

それは、今日の社会でしばしば見られる〝談合〟や官僚と業者との間の贈収賄、汚職の結果ではありません。長登の銅が他産地の銅と比べて、鋳造用材料として優れており、使いやすかった、という純粋に技術的な理由からであったはずです。

その〝技術的な理由〟というのは、ヒ素と石灰という不純物のお蔭で（これは後述する「化学」の知識です）、融点と粘性が低い（サラサラした）熔銅が得られたからです。つまり、ヒ素や石灰という鋳造上きわめてありがたい不純物を自然に含んでいた長登の銅は大仏の鋳造に最適だったのです。

当時の限られた運搬手段、運搬力のことを考えれば、大仏鋳造の材料である銅の産地は奈良に近い方がよいのは当然です。しかし、天平時代の技術者たちは、優れた銅の見分け方を知っており、そして、事実、遠方にもかかわらず長登の優れた銅を選択したのです。

そして、〝長登〟という地名は、〝奈良の大仏〟の原料銅がはるばる奈良へ登って行ったことから賜った〝奈良登〟がいつしか転じたものだそうです。

現代の化学が証明した「歴史」の話、面白いではありませんか。

私は、学校で習った、機械的に化学式を暗記するような「化学」には少しも興味を持てませんでしたが、日常生活はもとより、「歴史」の奥深いところで活躍する化学を知るにつけ、苦手であった「化学」にも興味が拡がっていったのです。

時代劇に登場する花火

私は小さい頃から花火が大好きです。

夜空に咲く色とりどりの花火の大輪は、まさに日本の夏の風物詩です。花火大会の会場へ行って、真下で見上げて味わう花火の音と光の迫力、そして火薬の匂いは格別です。

また、遠くで光り、遅れて届く音の味わいも独特の風情があります。私は昔、飛行機から花火を見下げた時、「なるほど、花火はどこから見ても丸いんだなあ」とあたりまえのことに感心したことがあります。

花火の美しさは、何といっても、暗い夜空に輝く色とりどりの光と、それが瞬時に消えるはかなさにありますが、じつは、現在の花火のように美しいさまざまな色が出る「洋火」と呼ばれる火薬がヨーロッパから日本に入ってきたのは明治になってからのことです。

洋火にはさまざまな色を出す化学薬品（彩色光剤）が含まれています。化学薬品からさまざまな色が出る仕組みは「化学」で習った（習う）「元素の炎色反応」です。私も、昔、「リチウムは赤、ナトリウムは黄色、カリウムは紫、銅は緑、……」というように「元素の炎色反応」の色を暗記しましたが、その時、花火と結び付けることができたらどれだけ楽しかっただろうか、といまになって思えます。

江戸時代の日本の花火には「和火」と呼ばれる硝石と硫黄と木炭の粉を混ぜた黒色火薬のみが使われましたので、その頃の花火は赤橙の単色でした。したがって、葛飾北斎や歌川広重の浮世絵など描かれている両国の花火も赤橙の単色です。

時折、テレビや映画の時代劇で彩色豊かな花火を見かけることがありますが、あれは明らかに時代考証がおかしいのです。現代の花火の映像を借用した結果です。いまとなっては、時代劇にふさわしい昔ながらの赤橙単色の花火を打ち上げるのは経費の点で大変なのでしょうが、私は、時代劇に彩色豊かな花火が出てくるたびに、とても気になります。

何も、花火に限ったことではないのですが、何ごとも、少しでも、その歴史や科学・化学を知りますと、そのことに対する興味が倍増するだけでなく、その歴史や科学の理解度も深まるものです。そうすると、また、いろいろな物事の歴史や科学・化学を知ることが楽しくなるものです。何でも楽しいことはいいことです。

学校での勉強も、楽しさに結び付けられればいいのですが。

学校の先生の大切な仕事は、「教科書」に書かれていることを生徒に伝達するのではなく、それぞれの教科の楽しさ、面白さを生徒に伝えることだと思います。

古代日本・古代世界の超技術

歴史探訪を趣味の一つとする私は、いままでに国内外の数多くの歴史的建造物・古代遺跡を訪ね歩きました。私はその都度、コンピューターはもとよりクレーンなどの大型土木・建築機材が存在しなかった古代の技術に驚嘆し、古代の技術者に畏敬の念をいだきました。

私は、それらの〝作品〟を目の前にするたびに、コンピューターやさまざまな機材に頼る現代人ではとても及ばない、古代の技術者の信じ難いほどの能力を摩訶不思議とさえ思います。それらはまさに〝ハイテク〟を超えた〝ウルトラテク（超技術）〟と呼ぶにふさわしいものです。

私が古代日本と古代世界の〝超技術〟にひたすら感心し驚異を覚えることは共通なのですが、両者の間には顕著な差があります。

古代日本の技術の基盤が「木の文化・文明」にあるのに対し、古代世界のそれは「石の文化・文明」にあることです。もちろん、それらはそれぞれの風土、地勢、地理と不可分のものです。

私がいつも圧倒されるのは、日本にはない古代世界の巨石・巨大遺跡です。エジプトのピラミッド、ギリシャのパルテノン神殿、イタリアのフォロロマーノ、ペルーのクスコ、マチュ・ピチュの遺跡などを目の当たりにし、コンピューターやさまざまな機材の〝文明の利器〟に頼る現代人の経験から考えると、私には古代世界の巨石・巨大建造物がとても〝人間業《わざ》〟には思えず、いっそのこと〝宇宙人業〟にしてしまいたい誘惑に駆られます。

しかし、事実として、「木の文化・文明」の古代日本の技術者が現代日本人が持っていない智慧と技術を持っていたように、「石の文化・文明」の古代世界の技術者も現代人が失った智慧と技術を持っていたと考える方が理性的です。とはいえ、さまざまな〝ハイテク〟を謳歌する21世紀文明の視点からみても、依然として謎に包まれていることは少なくないのですが、私は理性的に、その〝謎解き〟に挑戦してみました。結論をいえば、かなり満足できる〝謎解き〟ができたと思います。その〝謎解き〟に興味がある読者は拙著『古代日本の超技術』『古代世界の超技術』（ともに講談社ブルーバックス）を読んでください。

私がいま思うのは、〝謎〟を〝謎〟にしてきたのは、ITの御利益で膨大化の一途を辿る情報量と比例して退化させた人間の智慧と現代社会で何よりも優先されている「経済性」、「効率」だったということなのです。

こういうことも、私たちが歴史から学ぶべき大切なことだと思います。

世界を知る楽しさを教えてくれる地理

私の趣味の一つは旅行ですが、学校を出てから、仕事や遊びで国内外のあちらこちらへ出掛けるたびに、学校で習った地理がよみがえり、旅行を充実したものにしてくれましたし、楽しみを倍加してくれました。

じつは、地理学というのは各地の様子を記載する地誌学的なものと気候や海洋について研究する地球科学的なものから成る古代ギリシャ時代に誕生した伝統的な学問ですが、現在の学校で習う地理の内容も基本的には変わっていません。

どういうわけか、私は小学生のころから、「地図」以外にも、世界の国旗や風土、気候、文化などがカラーで記載されている地図帳が好きで、よく眺めていました。そして、日本の各地のお祭りや習慣にも興味を持ちましたし、「まだ見ぬ世界」に想像を拡げ、「いつか、実際に行ってみたい」という夢を持ち続けていました。中学生の時、地球儀を親に買ってもらった時は、平面の地図で見る世界と、球の地球儀で見る世界の違いにびっくりもしました。地図でとても遠いと思っていた国が、地球儀で見たら意外に近かったことに驚いたりもしました。同時に、本来、球状の世界を平面で表わす地図を作成することの難しさと限界を知ったりもしました。

幸いにも私は仕事の関係で、ほとんど日本全国、また海外35か国ほどを訪れていますが、地図帳や地球儀で知った場所を実際に自分の目で見て、自分の身体で体感するのは本当に贅沢な喜びだと思います。

世界の「地理」を知ることは、自分たちの日本を知る、理解するよい機会にもなります。

私は、自分自身の幼児体験から、是非、単なる地図だけではなく百科事典的な地図帳と大きめの地球儀を家庭に揃えていただきたいと思います。

テレビや新聞のニュースに、日本、世界各地の話題が登場するのは日常的なことですので、その都度、地図帳と地球儀で、その場所を調べる習慣を付けることが、「地理」の勉強の最良の方法だと思います。

そして、小さい頃から、地図帳や地球儀を通じて「世界」に対する興味を拡げることは、「英語」を勉強することなどより、何倍も「国際的センス」を身に付ける近道だと確信します。

社会に生きるための基本を学ぶ「公民」

私が習った学校教育の中では「公民」という科目はなく「道徳」と「現代社会」という科目でした。私自身が習っていないこともあり、「公民」というのはわかりにくいのですが、私たちが、一人のまっとうな人間として社会の中で生きていくために。「現代社会」がいかなるものであるかを知り、まっとうな人間になるために必要な道徳を学ぶ科目が「公民科」です。「道徳」は「社会生活の秩序を保つために、一人ひとりが守るべき、行為の基準」（『新明解国語辞典』）です。

　私たちは無人島の中で生活しているのではなく、家族をはじめとする多くの人々、地域、社会、国家に支えられ、社会的組織の中で生活しています。したがって、私たちの一人ひとりは「個人」なのですが、私たちは「個人」勝手に生きていくことは許されません。地域・日本・世界の仕組みと社会的連関を知り、これらの中で生じる大小さまざまな問題を「私（わたくし）」だけを中心に考えるのではなく「公（おおやけ）」から広く見つめ、現在を生きる世代と将来を生きる世代の両方の幸福を考えられる人間にならなければなりません。そのような人間が持つべき必要不可欠な基準が「道徳」にほかなりません。

　まず、私たち自身が多くの人々、地域、社会、国家に支えられて生活しているということを自覚し、そのことに感謝し、さまざまな「人」「国」「もの」「こと」と建設的に関わることが必要です。結局、私たちの身の回りには、どのような「人」が生活し、どのような「もの」が存在し、どのような「こと」が起こっているのかを知り、そのような「人」「もの」「こと」と健全に関わることです。そのためには、現実の社会がいかなるものかを理解し、自分だけでなく多くの人が幸福になるためにはどうすればよいのかを考えられる人間にならなければならないのです。そのような人間になるための基礎を学ぶのが「公民科」ですが、その学習は歴史と地理と深く関わってきます。

要するに、私たちが「社会」の中で生きていくための基本を学ぶのが「公民科」であり、私たち自身の「生き方」を考えることでもあります。このように考えれば「公民科」の学習が、「教科」の一つというよりも、きわめて日常的な活動の一環ととらえることができるでしょう。

ところで、私が小さい頃は、古今東西の偉人の伝記（「偉人伝」）の本がたくさんあり、また「国語」の教科書の中にも「偉人」が扱われていた記憶があります。私たちはそれらを読んで、幼心ながらに「自分も将来はこのような人になりたいなあ」と憧れ、また目指したものです。しかし、どういうわけか（戦後の「民主主義」の影響らしいのです）、いつ頃からか、幼児用の本棚にも教科書の中にも「偉人伝」を見掛けなくなりました。

私は、幼児から「偉人伝」を読むことは「公民科」が目指す〝人間づくり〟にきわめて大きな貢献をすると思っています。学校で「偉人伝」を教えてくれないのであれば、是非、家庭で「偉人伝」を読んでいただきたいと切望します。

第6章　理科編——日常生活に密着した面白い話だらけ

日常生活に密着している「理科」

私たちが存在する宇宙・自然界は物質（固体、液体、気体）とエネルギーの組み合わせでつくられているのですが、地球上の生物の中で人類だけが〝物質〟と〝エネルギー〟を「理解」し、文化と文明を築いたのです。その「理解」が科学と、それを基盤にしたさまざまな技術と道具を生み、いま、私たちはそれらの恩恵に浴した生活をしているわけです。ちょっと周囲を眺めただけでも、いまや日常生活には不可欠となっている数々の電気製品、自動車、パソコン、スマホなどなどが目に飛び込んでくるでしょう。これらすべての基礎が「物理」と「化学」です。言い換えれば、「物理」や「化学」を学ぶことにより、電気製品（例えば、電子レンジやＩＨ）やＩＴなどの原理がわかるのです。これはとても楽しいことではありませんか。

私たちが暮らす日本には春夏秋冬の四季があり、私たちの日常生活（服装や食べ物など）は四季に依存しています。また、私たちは毎日の天気予報を気にしますが、これも、私たちの日々の生活や行動が天候・天気に大きな影響を受けるからです。特に、台風の影響は甚大です。さらに、近年、何度も大地震に襲われた「地震国」日本では、いつも地震や津浪（一般的に「津波」と書かれますが、私が「津浪」と書く理由は後述します）の恐怖にさらされています。これらの自然現象を扱うのが「地学」です。最近は、地球のみならず、広大な宇宙も「地学」に含まれる重要な分野になっています。

この地球上には、無数の生物（動物、植物、微生物）が存在しますが、これらの生物の概要を理解し、本質的な違いと共通点を微視的、巨視的に調べるのが「生物」です。最近は遺伝子やバイオテクノロジー、ｉＰＳ細胞の先端医療も「生物」の一分野になっています。

中学の「理科」は物理・化学の第1分野と生物・地球・宇宙の第2分野に分かれており、高校では地球・宇宙が地学に一括されますが、上記の説明からも明らかなように、「理科」は生物の一種としての私たち自身からはじまり、日常生活にきわめて密着した科目なのです。面白くないはずがありません。

また、現在、私たち人類は決して避けて通れないさまざまな〝地球環境問題〟に直面していますが、真の解決を目指すならば、これらを政治的、社会的、経済的にではなく、科学的に冷静に考えることが決定的に重要なのです。そのような科学の基盤が「理科」にほかならないのです。

以下、「理科」の分野に含まれる面白い話題の一端を紹介します。本当は〝面白い話〟はいくらでもあるのですが、残念ながら、紙幅の都合で割愛せざるを得ません。これから、みなさん自身で〝面白い話〟を「理科」のなかで見つけていただきたいと思います。そして、その面白い話をお子さんとぜひ共有して下さい。

交通信号「止まれ」はなぜ赤か

世界中、どこへ行っても、交通信号の「青は進め、黄は注意、赤は止まれ」は共通です。私は、いままでにさまざまな異国へ行って、さまざまな異なる習慣や文化を見てきましたので、この世界共通の「交通信号のルール」が不思議だったのです。多くの人は生まれた時からずっと「青は進め、赤は止まれ」に慣れきっていますから、それらをあまりにも当然のことと思っていますが、世界のさまざまな文化、習慣の違いを考えれば

「赤は進め、青は止まれ」の国があってもよさそうなものです。例えば、赤旗を掲げ「いざ進め！」と勢いよく行進する中国や北朝鮮などの国では「赤は進め、青は止まれ」の方が似合いそうに思えます。交通信号のルールはみんなで決めれば、「進め」と「止まれ」が何色だってよいのです。

しかし、それらの国も含めて、世界中どこの国でも「青は進め、赤は止まれ」なのです。

じつは、「青は進め、赤は止まれ」には物理的な理由があるのです。

太陽光は白色光と呼ばれるように、昼間の太陽は白くまぶしく輝いていますが、夕方、西に沈む頃になると真っ赤になります。昼間の青空も、夕方には真っ赤な夕焼け空になります。この「白色光」というのはいわゆる〝虹の七色〟（本当は、虹は〝七色〟ではありませんが）の光が混ざったものであり、夕方、太陽、空が真っ赤になるということは、夕方になると地球に青系の光が届き難くなるということなのです。それはなぜかというと、日中から夕方にかけて、太陽光が通過する大気層が厚くなり（なぜか考えてみてください）、つまり青系の光は大気層に存在する物質（空気や水蒸気やゴミ）に邪魔されやすいのです。赤系の光はそれらに邪魔され難いので地球まで届くのです。

交通信号機は屋外にあるものですから、雨の日でも雪の日でも、埃が舞う日でも、メッセージを確実にドライバーや歩行者に伝えなければならないのです。〝進め〟と〝止まれ〟というメッセージのどちらが重要なのかを考えれば「青は進め、赤は止まれ」でなければならない物理的な理由が理解できるのではないでしょうか。

サイレンの音の変化と膨張宇宙

疾走してくる救急車の甲高いサイレンの音が、それが通り過ぎるやいなや、いくぶん低い音に聞こえるのを経験した人は少なくないのではないでしょうか。注意深く聞かないとわかりませんし、通り過ぎれば徐々に小さい音になりますから、低い音に聞こえるような気がするだけと思うかもしれませんが、実際、低い音になっているのです。その低くなり方は、遠ざかるスピードに依存します。これは「ドップラー効果」と呼ばれるれっきとした物理的現象です。

この「ドップラー効果」は〝スピードガン〟という器械に応用されています。身近なところでは、最近は野球のテレビ中継でも、球場でも、ピッチャーの一球ごとに球速が表示されますが、これはスピードガンで測定されたものです。また、警察がスピード違反を取り締まる時に使うのも、このスピードガンです。お世話になった読者もいることでしょう。

このドップラー効果は、光を含む電磁波でも現われます。

１９２９年、アメリカの天文学者が「宇宙は定常ではなくて膨張し続けている」という「膨張宇宙論」を確立しましたが、そのきっかけをつくったのが、光のドップラー効果でした。１９２０年代、ハッブル（「ハッブル望遠鏡」に名前が遺っています）らアメリカの天文学者が、あらゆる方向の天体から発せられる光を測定していて、それらの天体が観測点である地球から遠ざかっていることを発見したのです。

球速やスピード違反という身近な（？）話から、膨張宇宙論という雄大な話まで、ドップラー効果という物理現象が関わっているのです。くれぐれも、スピード違反には注意願います。

津波は波ではない

日本の浮世絵は、印象派をはじめとする世界の近代絵画に多大な影響を与えたことで知られています。その浮世絵師の中で、私が特に「天才だ」と思うのは葛飾北斎です。北斎の人生そのものが天才的で謎も多いのですが、特に晩年の「富嶽三十六景」の中の「神奈川沖浪裏」は天才・北斎ならではの構図だと思います。まさに〝波〟を大胆に描く絵で、〝主役〟である富士山（富嶽）を小さく、遠景に配しています。

まえおきが長くなったのですが、ここでは〝波〟の話をします。

海に囲まれた日本に暮らす日本人にとって、〝波〟ですぐに思い付くのは海の波でしょうが、じつは、私たちの日常生活はさまざまな〝波〟に囲まれているのです。海の波のように目には見えないのですが、耳に飛び込んでくる音も、テレビ、ラジオ、スマホで情報を運ぶ電波も、レントゲン撮影で使われるX線もみんな波の一種です。

波は、ある場所の状態の変化が次々に隣の場所に伝わって行く現象で、何かの振動によって発生します。振動とは何かが動かない位置を中心として左右、前後、上下などに運動を繰り返す現象です。その〝振動するもの〟そして同時に〝振動を伝えるもの〟のことを媒質といいます。

競技場をびっしり埋めた観客が順次立ち上がって「バンザイ」をすることによって、あたかも海の大波のような波（wave）が観客席を伝わって行くように見える〝ウェイビング（waving）〟が波の本質を明瞭に示しています。

このウェイビングを起こし、伝える〝媒質〟は観客ですが、観客自身が波の進行方向に移動するわけではなく、一人一人の観客（媒質）はその位置で上下に振動しているだけです。

ところで、二〇一一年三月、東北地方に未曾有の甚大な被害をもたらした強大な津波は記憶に新しいのですが、じつは津波は波ではないのです。津波は台風の時などに見られる高波の一種ではないのです。いま述べましたように、波は媒質（海の波の場合は海水という物質）の上下振動が伝わる現象であり、海水という物質そのものが海岸まで運ばれるものではありません。津波は、震源地の海底から水面までの巨大な体積の物質（海水）、つまり巨大なエネルギーの塊が海岸に押し寄せてくる現象です。ウエイビングの例でいえば、満員の観客が大挙して押し寄せてくるようなものです。津波は波ではないのです。したがって、例えば、高さ10メートルの高波は、それ以上の高さの〝防波（潮）壁〟で防げますが、巨大な津浪は〝防波（潮）壁〟のようなもので防げるものではないのです。だから、私は意識的に「津波」と書かずに「津浪」と書き、「津浪」と「波」の違いを強調しているのです。

音や光を含む〝波〟については、とても興味深い話がたくさんあるのですが、紙幅の都合で割愛しなければならないのは残念です。興味がある読者は拙著『いやでも物理が面白くなる』（講談社ブルーバックス）を読んでください。

ハイテクを支える物理

私たちは日常的にパソコン、スマホ、カーナビ、電子レンジ、ＩＨ調理器などなどのいまとなっては手放せない、あるいは超便利な道具、ハイテクを使っています。

ほとんどの人は、これらの仕組みなど知らないでしょうし、ＩＨ（アイエッチ）にいたっては〝ＩＨ〟の意味も知らないで使っているでしょう。

もちろん、それらの仕組みがどうなっているのか、また〝ＩＨ〟の意味を知らなくても困らないのですが、知りたくなりませんか。パソコンやスマホやカーナビや液晶テレビなどの仕組みも知りたくなりませんか。知っていれば、なんとなく豊かな、誇らしい気持ちになり、友だちに話したくなるのも事実です。これらのハイテクの仕組みの基盤になっているのが物理です。

一例として、いまや、どの家庭にもあると思われる電子レンジの話をしましょう。

ところで、〝電子レンジ〟は典型的な「和製英語」の日本語です。

英語では〝micro-wave oven（マイクロ波オーブン）〟といいます。なぜ、〝micro-wave oven〟というのかについてはのちほど述べます。

電子レンジに関し、笑うに笑えないジョークのような話があります。

カリフォルニアに住んでいたおばあさんが、雨に濡れた飼い猫を電子レンジの中で乾かそうとしました。当然のことながら（〝当然〟と思えない読者は危険！）、その猫はかわいそうに電子レンジの中で〝料理〟されてしまいました。電子レンジがチンと鳴ってから、扉を開けたおばあさんはびっくりしました。しかし、当の猫は電子レンジの中で、一瞬、もっとびっくりしたことでしょう。

電子レンジの仕組みは、似たような箱型であっても、オーブン型トースター（この仕組みは簡単ですね）とはまったく異なるのです。

電子レンジは、簡単にいえば、電磁波（電波、赤外線、紫外線、X線などの総称）の一種のマイクロ波（スマホに使われている電波もマイクロ波）を食品に照射して吸収させ、食品に含まれる水分子を振動させて、分子同士の摩擦熱で加熱する仕組みのものです。したがって、水分が含まれていない物は、電子レンジで加熱できません。

電子レンジが正しい英語で“micro-wave oven（マイクロ波オーブン）”といわれる理由はおわかりですね。電子レンジは別名“radar oven（レーダー・オーブン）”と呼ばれることもあります。事実、電子レンジは、アメリカのレーダー研究者が、実験中、マイクロ波を用いるレーダーの前にたまたま置かれていたランチ（多分、ホットドッグかハンバーガー）が熱くなることに気づいたのが発端となって発明されたものなのです。

カリフォルニアのおばあさんが電子レンジの仕組みを知っていてくれれば、雨に濡れた猫も、こんなひどい目にあわずに済んだのです。このような過ちを犯さないためにも、普段使うハイテクの仕組み、物理をちょっとでも知っておく必要がありそうです。

ハイテクの物理についてお話ししたいことはまだまだたくさんあるのですが、やはり紙幅の都合で割愛せざるを得ません。興味がある読者は拙著『文科系のための科学・技術入門』（ちくま新書）や前掲の『いやでも物理が面白くなる』を読んでください。

世の中を変える化学

私たちの周囲にはさまざまな〝物〟がありますが、それらの〝物〟が何からできているのか、どのような性質を持っているのか、どのように変化するのかを調べるのが化学です。じつは、人類は古代ギリシャの時代から、〝物〟を構成する〝物質〟の本質について考えてきており、古代ギリシャの自然哲学者が導いた「すべての物質は、これ以上分解できないアトモス（不可分割素：のちに「原子」と呼ばれるようになります）からできている」という結論は、現代においても完全に正しいのです。

近年、化学は物質の本質を原子レベルで明らかにし、物質を人工的に反応させることによって、自然界に存在する物質を効率よく、また自然界に存在しない新たな物質をつくり出すことに成功しています。化学が「現代の錬金術」と呼ばれるゆえんです。

このような化学は、衣料、食料、素材、医療などあらゆる分野において、人類の生活を豊かにし、今日の繁栄に甚大な貢献をしてきました。例えば、衣料分野ではナイロンやポリエステルなどの合成繊維、素材分野では各種のプラスチックや炭素繊維が〝化学製品〟としてすぐに思い付きます。昔はレンズといえばガラスに決まっていましたが、現在はガラスよりも軽く、性能に優れたプラスチックが、めがね、コンタクトレンズ、スマホ内蔵カメラのレンズなどに多用されていますし、自動車や飛行機の本体部分も金属から軽くて強い炭素繊維に移行しつつあります。

私たちは日々、化学の恩恵に浴して生活しているのです。

いま私は「化学ってすごいなあ」とつくづく思うのですが、正直に告白すれば、学校時代、私は化学が嫌いでした。それは、化学の授業がもっぱら分子式や化学反応式の暗記中心だったからです。特に「亀の甲」と呼ばれる有機物質の化学式は見るだけでもぞっとしました。したがって、私は「化学者になろう」と思ったことは一度もありませんでした。どんな科目にもいえることですが、理屈抜きの暗記が面白いはずありません。

私たちが学ぶべき（知るべき）化学の真髄、面白さは、いろいろな物質の構成・構造と性質の関係がわかると、自分が欲しい物質のつくり方が予想でき、それを実際に実験で確かめられるということです。実際、そのようにして、私たちの身のまわりにある多くの物質がつくり出されてきたのです。現代生活と切り離せないものであり、新しい物質を自在につくり出すことによって、世の中を大きく変え得るということが化学の最大の特徴であり、そこに最大の面白さと偉大さがあるのです。

学校の先生が、化学のこのような面白さと偉大さを教えてくれたなら、私も化学好きになっていたと思います。

化学の責任

有史以来、人類は既存のさまざまな材料を駆使し、さまざまな道具を製造して、今日までの文明を築いてきました。

それまでの〝材料の歴史〟を一変させたのは、19世紀から利用できるようになった化石燃料である石炭です。この時、石炭を燃料以外の用途に用い、価値の高い化学原料や化学製品を製造する石炭化学工業が起こったのです。さらに、20世紀になると、石炭と同様に、それまでは主に燃料としてしか用いられていなかった石油を出発原料とする石油化学工業が起こり、その後、一貫して現代まで、石油化学工業は先進工業国における基幹産業の一つとして主要な地位を占めています。合成樹脂、合成ゴム、合成繊維、塗料、合成洗剤など、石油化学工業の最終製品は多岐にわたっています。石炭化学工業、石油化学工業を起こしたのは「化学」であり、それを果てしなく発展させているのも「化学」なのです。石炭、石油は現代社会の主要なエネルギー源でもあります。

しかし、人類がさまざまなエネルギーと技術を駆使して文明を進歩させ、物質的に豊かな、そして便利な生活を実現してきたのですが、同時に、並行して、自然環境を変え、大気汚染、酸性雨、オゾン層破壊、水質汚染、土壌汚染などさまざまな「地球環境問題」を生んできたことを忘れてはいけません。化石燃料を使う時に必然的に排出される二酸化炭素（CO_2）、化学が創成した自然界に戻らないプラスチックなどの人工物質が主要な元凶です。

この間の「文明の進歩」の大きな原動力の一つは化石燃料ですが、それは同時に、地球の環境破壊の元凶でもありました。

さまざまな「地球環境問題」の解決に化学が果たすべき役割は小さくありませんし、化学の責任も重大なのです。これから「クリーン・ケミストリー（きれいな化学）」への期待がますます大きくなるでしょう。

「生物」で学ぶべきこと

およそ40億年前の原始生命の誕生以来、今日まで多種多様に分岐してきた地球上の多種多様な生物は、大きく植物類、動物類、そして微生物（菌）類に分類されます。これらの生物類の〝はたらき〟に重点を置きますと、植物類は〝生産者〟、動物類は〝消費者〟、微生物類は〝還元者〟あるいは〝分解者〟と呼ばれます。

つまり、生産者である植物は、無機的環境から二酸化炭素（CO_2）と水（H_2O）を取り込み、太陽エネルギーを使って、有機物、具体的にはブドウ糖（$C_6H_{12}O_6$）と酸素（O_2）を生産します。これが〝光合成〟と呼ばれるものです。

動物は自分自身で有機物をつくり出すことができませんから、有機物を生産してくれる植物が存在しなければ生命を維持できないのです。私たち動物は植物に対する感謝の気持ちを忘れてはなりませんし、植物を大切にしなければならないのです。

いま、生態系の中の〝生産者〟と〝消費者〟について触れたのですが、地味な存在ながら、その〝生産者〟と〝消費者〟の生命維持に不可欠の役割を果たしている微生物、菌類のことを忘れてはなりません。

微生物、菌類は、すべての生物の生産物、排出物、遺体などの有機物を分解して無機物に還元します。そのことによって、微生物、菌類自身は、自分たちの身体の構成材料とエネルギーを獲得するわけです。このような微生物、菌類による分解・還元作用は、全生物の生命、生活を支える元素の生物・化学的物質循環にとって不可欠のものです。動物は、植物に加え、微生物の恩恵のお蔭で生存が可能なのです。

生物には一個体だけの〝孤独な生活〟というのはあり得ず、周囲の生物集団とともに〝生態系〟という自然界の秩序の中で生きているのです。

学校の「生物」では、動物、植物、微生物がそれぞれいかなるものかについて学ぶのですが、動物の一種である私たち人類はきわめて特殊な動物です。その〝特殊性〟ゆえに、私たち人類は地球上のほかの生物にはない文明と文化を築いたのですが、それが同時に〝自然生態系〟、具体的には人類以外の生物に対して大きな迷惑をかけていることも事実なのです。

このような〝人類の特殊性〟を「生物」を通して是非学んでいただきたいと思います。それは、間接的にせよ、さまざまな「地球環境問題」の解決に大きく貢献すると思います。

生物と無生物を分けるもの

私たちの周囲にはさまざまな物、物体が存在します。それらはさまざまな観点から分類されますが、その分類の一つが〝生物〟と〝無生物〟です。

生物は「生きもの」であり「生きて活動するもの」です。それに対し無生物は、その名の通り「生きていないもの」です。それぞれを分ける決め手は何なのでしょうか。

さまざまな「もの」を「生きて活動」させたり「生きていない状態」にする決め手が〝生命〟の有無です。同じ牛肉でも肉屋さんで売られている牛肉は外へ出せば腐ってしまいますが、生きている牛の肉は炎天下でも腐りません。それは〝生命〟を持っているかいないかの違いによります。

それでは〝生命〟とは何なのでしょうか。

じつは、「生命とは何か」という問いは、古代ギリシャ以来現在まで何度も繰り返されているのです。

結局、「生命とは何か」という問いに対する答は、見る場所、観点に依存してしまうのですが、とりあえず〝生命〟を「物質を組織し、意味を与えている力そのもの」であり「部分を統合して個体を形成し全体を組織する力」、そして「種を形成していく力であり、どこまでも自己を創造していこうとする目に見えない意思」と考えておきましょう。より簡潔にいえば「生物的秩序を自己形成する能力」です。

そのような〝生命〟の起源については、宇宙の起源と同様に、まだ完全に理解されているわけではありません。

生命の誕生

重要なことは、〝生命〟が持つ〝意思〟や〝能力〟そのものは目に見えないのですが、それらの源泉は物質そのものに内蔵されているということです。つまり、生命の根源は物質で、物質の根源は原子です。

したがって、〝生命の誕生〟はひとえに〝原子（元素）の誕生〟に依存することになります。つまり、この地球上の生命の誕生を知る有力な手掛かりは、地球の歴史、そして地球に存在する原子（元素）の歴史を調べることで得られます。

生命体の基本構成要素はアミノ酸で、この主要な〝材料〟は炭素（C）、窒素（N）、酸素（O）、水素（H）の軽元素であり、これらの材料が地球に存在することが生命誕生の必須条件となります。それらの材料は宇宙空間から飛来したとしてもよいのですが、この地球上に生命が誕生するのは、やはり地球表層部の環境が安定し、海洋と原始大気が形成された以降であり、約40億年前のことと考えられています。そして、実際に、約38億年前に生命体が存在していた証拠（「化学化石」）が得られているのです。

ここで、後述する「地学」とつながることになります。

これからの生物学

20世紀の後半から、従来の生物学が一転し、分子生物学、生命科学として著しく進歩、発展しました。そのような進歩、発展に大きな貢献をしているのが、エレクトロニクス機器をはじめとするハイテクなのです。

生物を分子レベルで調べることによって、動物、植物、微生物の多種多様な生物全体に共通した原理が発見され、その原理からいままで未知であった生命現象の仕組みが徐々に明らかにされつつあります。そして、近年、まさに日進月歩の勢いで発展を続けている遺伝子工学や遺伝子治療法は分子生物学、生命科学の具体的な成果の一つです。

現代が「生命科学の時代」と呼ばれているゆえんでもあります。

これから、生物学は従来の〝マクロ〟生物学から〝ミクロ〟生物学へとシフトしていくのは必至ですが、それは、化学、物理学という基礎的学問の重要性が増していく過程でもあります。

生物たちの超ハイテク

私たちはいま、さまざまな〝ハイテク〟に囲まれ、〝ハイテク〟の恩恵に浴して生活しています。〝ハイテク〟は人類の積年の智慧が結集したもので、それはまぎれもなく人類が誇る科学と技術の成果です。

すでに述べましたように、私はこのような〝ハイテク〟の象徴ともいうべき「半導体エレクトロニクス」の分野で長らく仕事をしてきた者なのですが、身近に存在する木や竹や虫たちの能力に気づき、彼らの智慧や技術に驚愕し続けているのです。彼らが持つ技術は人類のハイテクをもってしてもとても及ばない〝超ハイテク〟なのです。それは、現代の最先端の科学・技術の視点から眺めてみても、驚嘆以外の何ものでもありません。私がひたすら驚嘆する彼らの智慧・超技術は少なくないのですが（『生物たちの超技術』洋泉社）、紙幅の都合上、以下、人間が大いに学ぶ必要があると思われますクモとカイコの超技術についてのみ簡単に紹介しておきたいと思います。

クモが、あの小さな体でつくり出す糸はハイテクの極みで〝夢の繊維〟と呼ぶべきものなのです。

これまで世界の繊維メーカーが、クモの糸のような人工繊維をつくろうとしてきましたが、同じように強くて弾力があって切れない繊維をなかなかつくれないのです。しかも、クモはそのような〝夢の繊維〟を常温常圧、身の回りにある酸素、窒素、水素、炭素という元素のみでつくってしまうのですから本当に驚異的です。常温常圧でつくる、ということは高温と高圧という特別な環境をつくるための設備も過大なエネルギーも不要ということです。

同様に、カイコがつくるシルクとその生産プロセスも自然の驚異です。

話がちょっと飛ぶようですが、光通信などに使われる光ファイバーの断面は屈折率が異なる2種類の高純度の石英ガラスとそれを被覆《ひふく》するプラスチックが同心円状に重なった3層構造になっています。このような形状の０・２ミリメートルほどの太さの長いガラス繊維をつくるために、まことに巧妙な製造装置が開発されています。私は、光ファイバー製造装置を知りますと、人間は頭がいいなあ、よくもこれだけ絶妙な装置を考え出せるものだ、と心から感心します。

ところが、じつは、この〝まことに巧妙な製造装置〟の原理が、体長わずか8センチメートルほどのカイコの〝超ハイテク・シルク工場〟の原理とまったく同じなのです。

しかし、カイコがつくるシルクは太さが1桁以上細く、しかも、光ファイバーが3層構造であるのに対し、カイコのシルクは5層構造です。また、石英を熔融するには１７００℃以上の高温にしなければなりませんが、カイコもシルクを常温常圧で、身の回りにある元素のみでつくるのです。

ガリレイがいうように「自然は、われわれの知性にとっては限りなく驚嘆すべきことを、最高度の容易さと単純さとで行なっている」のです。

しかし、よく考えてみれば、これは不思議なことではなかったのです。

地球上の生命の歴史は約40億年といわれています。例えば、昆虫は人類のように〝文明の利器〟などに頼ることなく、自分自身の智慧と技術で、激烈な環境の変化に耐え、およそ4億年を生き抜いてきているのです。人類が誇る科学・技術の歴史がたかだか数百年、長く見積もっても数千年であることを考えれば、人類の智慧や技術が生きものたちのそれらに遠く及ばないのも当然といえば当然なのです。彼らは数億年、数十億年にわたる智慧を積み重ねているのです。

私は、生物の専門家ではなく、異分野の者です。異分野の者だからこそ、特に、長年〝ハイテク〟といわれるような分野で仕事をしてきた者だからこそ〝見える〟、〝感心する〟、〝驚く〟ことが多く、結果的に生きものたちをひたすら尊敬することになるのです。

現代の「文明人」が生きものたちの智慧と技術のすごさを知り、彼らに畏敬の念をいだけるならば、現代文明の行き詰まりも、地球規模の環境問題も、多少、打開できるのではないか、と私は思います。さらに、「生物」への興味と勉強の意欲が一段と高まるであろうことを信じて疑いません。

新しい「地学」

私が50年以上前に学校で習った教科書を思い出しつつ現在の教科書と比べ、かなり変わったと思うのが「生物」の教科書で、劇的に変わったと思うのが「地学」の教科書です。もちろん、このことは、この50年間の科学・技術全般の進歩を反映したものであり、生物と地学がそれだけ発展したということの証拠です。

そもそも「地学」というのは、地球に関係する自然現象を扱う自然科学の一分野ですが、私の記憶にある学校の「地学」といえば、地層、岩石、鉱物の図を見ながら名称を暗記することです。教科にあるから仕方なく勉強したという感じで、少しも面白いとは思えませんでした。本当はもっといろいろなことを学び、面白かったのかもしれませんが、私の実力不足のせいか、とにかく面白い科目ではありませんでした。

現在の「地学」の教科書を眺めてみますと、地球の現象から宇宙まで、非常に身近で興味深い話題が網羅されています。

特に、２０１１年に東日本を、２０１６年には熊本を襲った巨大地震とそれに関係する津波などのさまざまな現象は、私たちに「地学」が扱う事象に無関心でいることは許されないことを痛感させました。また、近年、日本が大型台風や豪雨に襲われることが多くなりましたが、これも「地学」の重要テーマである気象と深い関係があります。

甚大な自然災害に襲われるたびに、マスコミを通じて何度も繰り返された「想定外」という言葉は、私たちの自然についての知識、理解、そして自然災害に対する備えが不十分であることを如実に表わすものでした。

地球上の生命、生物の誕生と進化も、地球の誕生と地球環境の変化という「地学」の立場から学ぶようになりました。

太陽系のみならず、広く宇宙の構造や探索も「地学」の重要なテーマになっています。日本の惑星探査機「はやぶさ」が小惑星「イトカワ」に着陸し、地球を出発してから7年後の2010年6月、地球に微粒子を持ち帰ったというニュースに感動した人は少なくないでしょう。これも宇宙工学技術の進歩の賜物ですが、近年、宇宙ステーションを含む最先端の宇宙関連技術のめざましい進歩によって、私たちの宇宙に対する関心が拡がり、理解も深まっています。その分、「地学」で学ぶ範囲が拡がっているのです。

「地学」は日常の、まさに生活に密接に関係することを教えてくれる教科であり、私たちを自然災害から守ってくれる術を教えてくれる教科です。教科書に書かれていることをそのまま学ぶのではなく、私たちの身のまわりの、日々の自然現象を生の「教科書」として学ぶことによって、「地学」への関心が高まるはずです。

また、「地学」が与えてくれる感動も少なくありません。

天文台へ行って、是非、自分の肉眼で夜空の星を眺めていただきたいと思います。

私自身、知識として「土星に輪があること」を小さい頃から知っていましたが、天文台の望遠鏡で、その輪を実際に自分の目で見たのはごく最近のことで、その時の感動はとても筆舌に尽くせないほどのものです。また、もう10年以上前になりますが、ハワイ島の標高4200メートルのマウナ・ケア山頂で、手に届きそうな距離に思える〝満天の星〟を見た時の感動は一生忘れないでしょう。

若いみなさんには、遠い宇宙に目を向け、人類永遠のロマンに胸をときめかしていただきたいと思います。

おわりに――大切なのは感性です

人生の豊かさの決め手は感性の豊かさ

私自身の経験をもとに〝勉強の面白さ〟を述べ、その面白さを一人でも多くのみなさんに、特に幼児・小学生の子どもを持ち、彼らになんとか勉強の面白さを知って欲しいと思っている親御さんに伝えたいと願い、いろいろ書きました。

結局のところ、学校の勉強に限らず、なんでも〝面白い〟と感じるか感じないかは、個人的な感性に依存するのではないかと思います。だとすれば、〝勉強の面白さ〟を知るために最も重要なのは、いかに感性を高めるか、ということに帰結しそうです。

第1章の冒頭で述べましたように、人間の天性の感性が最も豊かなのは幼児・小学生の時代なのです。したがって、両親、学校の先生が第一にすべきことは、彼らの天性の感性を伸ばすことです。間違っても、彼らの天性の感性をつぶすようなことをしてはいけません。

学校の理科でやった音叉《おんさ》を使った〝共鳴《きょうめい》〟の実験のことを憶えている人も少なくないでしょう。

この〝共鳴〟というのは、似たような性質を持つ2個の音叉を並べ、片方を叩いて音を出すと、その音の振動が空気を伝わって他方の音叉に伝わり、その音叉からも音が出る、という〝波〟の現象です。

私たちは〝音〟に限らず、さまざまな〝波〟に囲まれて生活しています。その〝波〟には文字通りの電波や光、宇宙線などの物理的な波のほかに、〝時代の波〟のような社会的な波や、自然や芸術や人物が発するオーラのような波もあります。

私たちは、物理的な波は五感でとらえることができるのですが、オーラのような波は感性あるいは〝心の眼〟でなければとらえられません。私たち自身が共鳴することによってとらえるほかはないのです。せっかく、私たちの周囲をさまざまなオーラが飛び交っていても、私たちがそれらに共鳴できなければ、オーラは素通りしてしまいます。

図4　さまざまなものに共鳴・感動する自分

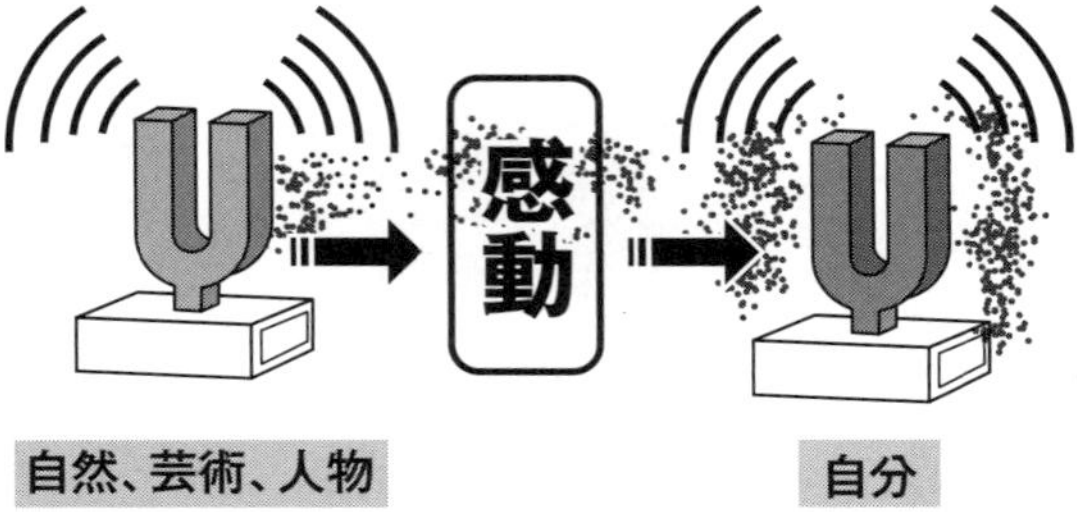

オーラは目には見えませんが、私はさまざまなものが発するオーラに身体を震わせたいと思います。オーラに身体を震わすことが、すなわち感激、感動です（図４）。そして、そのような感激、感動こそが、人生最高の喜びであり、そのような感激、感動を求めて、私たちは生きていくのではないでしょうか。さらに、そのような感激、感動に満ちた人生こそが、真に豊かな人生なのだと思います。感激、感動の源が感性です。私は、いままでの私自身の人生経験から、心底、そのように思います。

ところが、〝おとな〟になればなるほど、〝感激、感動する〟ことが容易ではなくなるのです。子どもの頃は、見るもの、聞くもの、触るもの、何にでも感激、感動できるのですが、〝おとな〟になるにしたがい「常識」や「世間体」というものが邪魔をして、感動、感激を阻《はば》むのです。

世の中にはお金で買える感激、感動も少なくはないと思うのですが、心にいつまでも遺る感激、感動はなかなかお金では買えませんし、お金がなくても〝感性〟で得られるのです。

とはいえ、〝感性を磨く〟というのは簡単なことではないのです。

いかに感性を磨くか

感性を高め、磨くにはどのような方法があるのでしょうか。

読者をがっかりさせてしまうでしょうが、私は「残念ながら、簡便な方法はありません」といわざるを得ないのです。ＩＴ時代のいま、情報や知識は簡単に得られますが、感性は簡単には得られないのです。むしろ、ＩＴが発達すればするほど、人間の感性は鈍くなってしまうのです。さらに「教科書の暗記」、「知識の詰め込み」は、せっかくの「感激どころ」を「あたりまえ」にしてしまうので、人を感激、感動から遠のけてしまいます。

あえていえば、ひたすら〝ほんもの〟を観察し、ひたすら〝ほんもの〟に触れることが〝感性を磨く〟唯一の方法だと思います。具体的には、自然、芸術に、自分自身の身体で触れることです。私には、それしか思い当たりません。

だから、いささか極論かもしれませんが、私は自然の中で育ち、小さい頃から、わかってもわからなくても、芸術に触れた子どもは勉強ができるようになると確信しています。結果的に、そのような子どもたちの人生は豊かなものになるでしょう。

ＩＴ時代のいま、実像に限りなく近い虚像が巷に溢れ、実像と虚像の区別すらつかなくなりつつあります。私は、特にＩＴ世代の若い人たちに、たまにはインターネットやスマホから離れ、〝ほんもの〟のみが与えてくれる感動を味わって欲しいと切に願います。

確かに、ＩＴの著しい発達により、何でも、居ながらにして、掌の中でさえ見ることができます。画像の美しさや鮮明さでは、実物はハイビジョンテレビにかないません。

そのことは、私自身、北極圏までオーロラを、ハワイ島のマウナ・ケア山頂まで満天の星を、またケニアまで野生動物を見に行った時に実感したことです。しかし、身体が震えるような感動は、現場で、自分の肉眼を通して見る〝ほんもの〟を通してのみ得られるものなのです。

ある会合で同席した芸術大学の学長が「最近の学生は美術館へ足を運ばなくなった。すぐ近くで、貴重な展覧会をやっていても行こうとしない」と嘆いていました。彼らがいうには「ネットで見られるから」とのことでした。

確かに、いまや大抵のことはインターネット、スマホで用が足ります。美術館へ実際に足を運ばなくても、日本国内はもとより、世界中どこの国の名画であれ、居ながらにして「鑑賞」できる〝IT時代〟です。絵画にせよ彫刻にせよ、それらの〝図柄〟や〝形〟を見るだけ、知識を得るだけであれば、パソコンの画面でもスマホの画面でも構わないのです。ダ・ヴィンチの「モナ・リザ」はパソコンの画面の中でもスマホの画面の中でも、同じように微笑んでくれます。

しかし、ルーヴル美術館で見るほんものの「モナ・リザ」は断固違うのです。何年前からだったか、ガラス張りの展示になってしまったのは残念なのですが、自分があの「モナ・リザ」の前に立った時、およそ500年前、あのダ・ヴィンチがやはり、この

「モナ・リザ」の前に立っていたのだ、と思い、私は身体中がしびれるほどの感動に襲われたのです。

　また、画集で知った絵の実物を美術館で見た時、「えっ、こんなに小さな絵だったんだ」と驚いたり、想像を絶する大きさの迫力に圧倒されたりした経験が何度もあります。例えば、同じルーヴル美術館にあるフェルメールの「レースを編む女」は縦24cm、横20cmという想像を絶する小ささでしたし、ダヴィッドの「ナポレオン戴冠式」は縦6・21m、横9・79mという圧倒される大きさでした。これらのいずれの絵もパソコンやスマホの画面には同じ大きさで表示されますので、実物の大きさの違いはまったくわかりませんし、絵の繊細さやスケールの大きさなどは知る由もないのです。

　芝居、スポーツの試合などについても同じことがいえます。いまは何でもテレビ、さらにはスマホでさえ観ることができます。しかし、それがどれだけ〝高画質〟のハイビジョンであろうが、パブリックビューの大画面であろうが、それは実際に現場で観るものとはまったく別ものなのです。

　それは単に画面の大きさや音響効果の違いによるものだけではありません。いわゆる臨場感というものですが、それは身体全体で感じるものです。そして〝ヴァーチャル〟ではなく〝ほんもの〟のみが持つ迫力というものです。

何よりも大切な「なぜ?」という問い

私は、子どもの頃のような「なぜ?」という問いこそ、学校の勉強を面白く感じさせてくれる、ひいては人に考えることをさせ、人生を飽きさせないエネルギーの源だと思います。そして、その「なぜ?」は常識や、世間体や、権威にとらわれない素直な観察から生まれると思います。その〝素直な観察〟の基盤は〝目に見えないもの〟を〝みる〟感性なのです。この〝みる〟は「見る」のほかに「観る、視る、看る、診る」など、さまざまな〝み〟方があるのです。感性が豊かな幼時から小学校時代に感性を伸ばすことが決定的に重要なのです。困ったことに、「知識偏重」は誰もが持っている豊かな感性を萎縮《いしゅく》させてしまう元凶であり、「勉強」の面白さ、楽しさを奪う元凶でもあるのです。

子どもたちが発する素朴な「なぜ?」にくだらないものも、つまらないものも一切ありません。すべてが貴重な「なぜ？」です。周囲のおとなたち、とりわけ親御さんや学校の先生たちは、子どもたちが発する素朴な「なぜ？」に拍手を送ってください。そうすれば、子どもたちは自分が発する「なぜ？」の重要性を自覚し、勉強がどんどん面白くなるはずです。

私たち〝おとな〟にとっても、子どもの頃のような「なぜ？」という問いこそ、考えることをさせ、人生を飽きさせないエネルギーの源だと思います。

本書を閉じるにあたり、私が尊敬している江戸時代中期の自然哲学者・三浦梅園の大著『玄語』の冒頭の部分を引用したいと思います。

わたしは少年の頃から、触れるものすべてが疑問に思えた。説明してくれるひとのことばはうるさく耳に聞こえてきたが、わたしには寝言のようにわかりにくかった。思念は胸につかえ、分銅のない秤のように心の平衡がくずれた。ひとの説明によれば、火は陽であり、だから熱く、水は陰であり、だから冷たい。わたしはこう考えた。陽はどうして熱く、陰はどうして冷たいのか、と。（中略）（ひとは）天地についてはでたらめにとりとめもなく語り、死生についてはぼんやりとあいまいに述べる。かたよった証拠をあげ、根拠もなしにしゃべる。ひとは意に介しないが。わたしは気持がすっきりせず、くりかえし考え、探究にふけった。

（山田慶児編『日本の名著20三浦梅園』中央公論社）

三浦梅園と比べるのはいささか畏れ多いことではありますが、私も少年の頃から現在に至るまで、次々に〝不思議なこと〟に襲われ、繰り返し考え、探究に耽《ふけ》る生活をしています。これは、死ぬまで変わりそうもありません。お蔭で、私は人生に飽きることがないのです。

勉強ギライな子どもに「勉強の面白さ」を伝える方法

わが子の「21世紀型学力」を伸ばす！

著者　志村史夫

2016年10月25日　初版発行

志村史夫（しむら・ふみお）
1948年、東京・駒込生まれ。名古屋大学工学博士（応用物理）。日本電気中央研究所、モンサント・セントルイス研究所、ノースカロライナ州立大学を経て、現在、静岡理工科大学教授、ノースカロライナ州立大学併任教授。応用物理学会フェロー。日本文藝家協会会員。日本とアメリカで長らく半導体結晶の研究に従事したが、現在は古代文明、自然哲学、基礎物理学、生物機能などに興味を拡げている。半導体、物理学関係の専門書、参考書のほかに、『古代日本の超技術』『古代世界の超技術』（以上、講談社ブルーバックス）『アインシュタイン丸かじり』（新潮新書）『ITは人を幸せにしない』（ワニブックス【PLUS】新書）『スマホ中毒症』（講談社＋α新書）『「ハイテク」な歴史建築』（ベスト新書）など、一般向け著書も多数。

発行者　佐藤俊彦
発行所　株式会社ワニ・プラス
〒150-8482
東京都渋谷区恵比寿4-4-9　えびす大黒ビル7F
電話　03-5449-2171（編集）
発売元　株式会社ワニブックス
〒150-8482
東京都渋谷区恵比寿4-4-9　えびす大黒ビル
電話　03-5449-2711（代表）
装丁　橘田浩志（アティック）
柏原宗績
DTP　平林弘子
印刷・製本所　大日本印刷株式会社

ISBN 978-4-8470-6103-5
ワニブックスHP　https://www.wani.co.jp